…VOICI LA LOURDE NEF

MGR JEAN-LOUIS BRUGUÈS

…VOICI LA LOURDE NEF

Conférences de Carême
à Notre-Dame de Paris

LES ÉDITIONS DU CERF

www.editionsducerf.fr
24, rue des Tanneries
75013 Paris

ISBN 978-2-204-14971-6

...voici la lourde nef

1830. La cathédrale est à l'agonie. Les ravages exercés par la Révolution ont été tragiques : la flèche abattue, les statues déboulonnées, des vitraux éventrés, les croix piétinées, le trésor où figuraient tant chefs-d'œuvre de l'art chrétien, pillé ou fondu, les reliques, en quoi les croyants vénéraient un lien charnel avec la sainteté, profanées et dispersées... Des cultes invraisemblables prétendent se substituer au sacrifice du Christ célébré sans interruption depuis la consécration de l'église, en 1190, du vivant encore de son fondateur, Maurice de Sully. Six siècles de belle fidélité ! Tout ce qui porte couronne se doit d'être détrôné : sur la façade principale, les figures de la Galerie des Rois sont jetées à terre et démembrées. Les princes de Juda n'avaient pourtant que peu à voir avec les monarques français, mais la fureur est aveugle... On songe à ce vers de Racine :

> Voyez de toutes parts les trônes mis en cendres.

Le grand portrait de David ne saurait faire illusion. Napoléon avait compris qu'il fallait « ajouter du sacré », afin de rendre plus assurée la nouvelle légitimité de l'Empire. Pour la cérémonie du sacre, en 1802, alors que le culte venait d'être rétabli dans ce qui avait servi de magasin de vivres, les architectes Fontaine et Perrier avaient imaginé des décors éphémères, mais sans alléger le délabrement de l'édifice. La révolution de 1830 semble porter le coup de grâce : les saillies de pierre du portail sud, dédié à Sainte-Anne, sont toutes démantelées. On se demande donc s'il ne vaut pas mieux raser l'ensemble...

1831. Victor Hugo publie *Notre-Dame de Paris*. Le succès est énorme. Le public français redécouvre la cathédrale et l'écrivain devient la figure de proue d'un mouvement de défense du patrimoine médiéval. Gargouilles, flèches élancées, murailles à créneaux, tournois, chevaliers et dames de cœur : les élites européennes se prennent d'engouement pour un Moyen Âge revisité. Les rêves finissent toujours par l'emporter sur la réalité. Lorsqu'il émergera des décombres, avec Chateaubriand et Lamartine, le christianisme lui aussi sera contraint de revêtir les tenues du Romantisme ; il ne les retirera que peu à peu durant le XXe siècle et, de manière définitive, au concile de Vatican II. Bref, il faut sauver Notre-Dame.

Pendant des siècles, les innovations de l'art, depuis l'architecture jusqu'à la musique, en passant par la sculpture et la peinture, nous vinrent d'Italie. En revanche, dans les années 1130-1140, au cœur du domaine royal, naquit un art de bâtir qui ne devait rien, ou presque, à des influences extérieures. L'*opus francigenum* vit le jour à Saint-Denis, sous l'impulsion de son Abbé, Suger, et anima ce que l'on appela le premier art gothique, avec Sens, Noyon, Senlis et Laon [1]. Notre-Dame appartenait à ce courant ; mais plus grande et plus majestueuse qu'il n'était d'abord prévu de la bâtir, elle empruntait aussi à ce que les historiens ont appelé le gothique classique, illustré par Chartres, Bourges, Amiens ou Reims. La cathédrale de Paris représente ainsi une parfaite synthèse de cette floraison artistique propre à notre pays. Son exemple inspirera les contrées voisines, l'Allemagne, l'Angleterre, l'Espagne, l'Italie, et plus loin encore... Protéger Notre-Dame revenait donc à sauvegarder l'un des fleurons du génie français, le plus beau sans doute, et fournir à l'identité nationale son assise la plus pure. Les fils immédiats des Lumières et d'une Révolution qui prétendait faire table rase du passé avaient donc éprouvé la nécessité de puiser leur origine dans l'« obscur Moyen Âge » ! Pour eux aussi, il fallait sauver Notre-Dame.

---

1. C. COULANGEON, « Notre-Dame de Paris : histoire architecturale d'une cathédrale », *Transversalités*, n° 154, juillet/septembre 2020.

Il fallait sauver Notre-Dame comme monument, et non point d'abord comme église. Victor Hugo inaugure ainsi, sans s'en douter peut-être, la voie de la « patrimonialisation » des lieux de culte historiques. Il écrit dans son roman : « [...] vaste symphonie de pierre, pour ainsi dire, œuvre colossale d'un homme et d'un peuple [...] produit prodigieux de la cotisation de toutes les forces d'une époque, [...] sorte de création humaine, en un mot, puissante et féconde comme la création divine dont elle semble avoir dérobé le double caractère : variété, éternité. » Je traduis : on se propose d'arracher ses secrets au ciel ; l'invention humaine s'empare de la création divine, mieux encore, elle se substitue à elle ; elle force l'admiration et la vénération qui n'étaient dues qu'au divin génie à se tourner vers elle exclusivement. On reconnaît là le souffle du Romantisme. Le culte du patrimoine le disputera désormais au culte du mystère chrétien. Au cours d'une entrevue récente, après l'incendie du 15 avril 2019, Charles Personnaz, directeur de l'*Institut national du patrimoine*, multipliait les variations sur ce thème : « Notre-Dame, édifice religieux, est la quintessence d'un patrimoine, d'un bien commun » ; son histoire est sans équivalent, ce qui fait que « plus que tout autre, Notre-Dame est un monument national » ; elle est « la cathédrale des lettres, chantée par les poètes depuis sa construction » ; elle appartient « au patrimoine scientifique et technique, tant la permanence et la solidité de l'édifice doivent au génie et aux connaissances de ses bâtisseurs » ; « Notre-Dame est un patrimoine de l'humanité et le monde entier observera avec attention les choix qui seront opérés » pour sa restauration [1].

Il fallait donc sauver Notre-Dame : « Sans doute, c'est encore aujourd'hui un majestueux et sublime édifice que l'église de Notre-Dame de Paris, écrivait Victor Hugo. Mais, si belle qu'elle se soit conservée en vieillissant, il est difficile de ne pas soupirer, de ne pas s'indigner devant les dégradations, les mutilations sans nombre que simultanément le temps et les hommes ont fait subir au vénérable monument, sans respect pour Charlemagne qui en avait posé la première pierre, pour Philippe-Auguste qui en avait posé la dernière.

Sur la façade de cette vieille reine de nos cathédrales, à côté d'une ride, on trouve toujours une cicatrice. *Tempus edax, homo edacior.* Ce que je traduirais volontiers ainsi : le temps est aveugle, l'homme est stupide. »

1. « Notre-Dame, mère de notre patrimoine commun. Entretien avec Charles Personnaz », propos recueillis par É. TARDIVEL, *Transversalités*, n° 154. Voir C. PERSONNAZ, « Les pierres ont-elles une âme ? Quelques enjeux en France des liens entre le patrimoine et le christianisme », *Communio* 46, n° 4 (2021).

En réalité, ce ne sont pas seulement des rides qui flétrissent le visage de Notre-Dame, mais des crevasses qui menacent son existence même. Victor Hugo ne saurait évoquer les turpitudes révolutionnaires, pourtant les plus dramatiques : en France, les révolutions sont intouchables, surtout quand on se présente comme le prophète des temps nouveaux. Le romancier préfère s'en tenir à ce que l'on pourrait appeler les intermittences des goûts d'une génération à l'autre : parlant des destructions, « il faut bien que je dise, précise-t-il un peu plus loin (que ces plaies ont été occasionnées par) *des hommes de l'art*, puisqu'il y eut des individus qui ont pris la qualité d'architectes dans les deux derniers siècles ». L'argument vaut la peine qu'on s'y arrête.

Notre-Dame est sauvée. Dans la décennie qui suivit la parution du roman hugolien, la cathédrale de Paris est l'un des premiers monuments à profiter du nouvel engouement pour le Moyen Âge. Le chantier de restauration est confié à un duo d'architectes qui a gagné le concours ouvert en 1843, Jean-Baptiste Lassus et Eugène Viollet-le-Duc. Ne marchandons pas notre gratitude : ils évitent à la cathédrale de Paris le naufrage annoncé. Ils commencent par adopter un profil modeste en affirmant : « Le premier et inflexible principe, c'est de rappeler ce qui était et non pas d'innover, quand bien même on serait poussé par la louable intention de compléter. En fait de monuments délabrés, il vaut mieux consolider que réparer, mieux réparer que restaurer, mieux restaurer qu'embellir, en aucun cas il ne faut supprimer. » Sage principe qui ne sera respecté... que de loin ! En réalité, « Eugène Viollet-le Duc élabore une méthode quasi scientifique, fondée sur une observation et une analyse précise du monument, de ses formes, de ses techniques de construction [...], qui préfigure l'archéologie du bâti actuelle. Sa volonté est de retrouver et restituer ce qu'il considère comme la cathédrale des origines, celle de Maurice de Sully [1] ». Disposant d'une bonne connaissance historique, l'architecte reconstitue sur le chantier la cathédrale de ses rêves, la cathédrale idéale telle qu'auraient dû la vouloir les maîtres d'œuvre du Moyen Âge. On connaît la boutade selon laquelle il ne resterait aujourd'hui aucune pierre datant de l'époque primitive. En mettant l'accent sur la singularité et la monumentalité de la cathédrale, Viollet-le-Duc libère l'église de tous ses ajouts qui ne correspondaient pas à un prototype originel supposé. De son côté, le baron Haussmann détruit l'environnement de Notre-Dame, en faisant démolir l'Hôtel-Dieu et

1. C. COULANGEON, « Notre-Dame de Paris : histoire architecturale d'une cathédrale ».

l'hôpital des Enfants-Trouvés, dégageant ainsi un espace immense qui fait de la façade un « objet » sans échelle [1].

Les générations se suivent, mais ne se ressemblent pas ; en tout cas, elles ne partagent pas toujours les mêmes options artistiques. Le goût est une essence volatile. La Renaissance prend ses distances envers un Moyen Âge qu'elle juge obscurantiste et fort éloigné de l'humanisme triomphant. Raphaël est le premier à forger le terme méprisant de « gothique », en 1518, pour désigner la période précédente. Pendant trois siècles, on s'efforcera d'atténuer, voire d'effacer, toute trace « gothique » dans les monuments français. On peut encore discuter des choix liturgiques du cardinal de Noailles qui, à la demande de Louis XIV, vers la fin de son règne, réaménage somptueusement le chœur des chanoines de Notre-Dame, désormais recouvert de plaques de marbre et de métal doré. Les vitraux sont remplacés par des verres blancs qui donnent plus de lumière et facilitent la lecture. En 1771, Soufflot, l'architecte de Sainte-Geneviève devenue Panthéon, démolit le trumeau et le tympan du portail principal, afin de permettre aux dais des processions de sortir de l'église, et tant pis si disparaissent les merveilleuses

1. Voir J. I. LINAZASORO, « L'Héritage de la cathédrale dans la ville moderne », *Communio* 46, 2021, n° 2-3.

statues justement gothiques qui l'ornaient, le Christ de la Résurrection, comme la scène du Jugement dernier [1] ! Il en est allé de même dans la cathédrale d'Angers qui m'est chère et dans bien d'autres églises. Pour le dire sans nuances – et il en faudrait ! –, les XVIIe et XVIIIe siècles n'ont pas aimé le Moyen Âge, mais si le Romantisme a aimé le Moyen Âge, lui, il a détesté le classicisme français : d'où les prétendus *hommes de l'art* brocardés par Hugo. Que l'on sache pourtant, ces deux siècles ont représenté un autre âge d'or pour le génie français ; ses architectes et artistes n'étaient pas moins méritants que les médiévaux ! Versailles a été copié dans toute l'Europe... Viollet-le-Duc élimine donc de sa construction tous les ajouts qui, au cours des siècles plus récents, avaient modifié la physionomie de la cathédrale. Les fameux *Mays*, offerts chaque année par la confrérie des orfèvres, qui surmontaient les piliers de la nef, sont remisés dans les greniers ou expédiés dans des musées de province ! Beaucoup étaient signés des plus grands noms et tous illustraient un aspect du mystère chrétien ; mais foin de catéchèse quand il s'agissait de retrouver les perspectives d'origine ! C'est à peine si l'on réussit à maintenir sur place la sublime *Pietà* des Coustou et l'offrande de son

1. Voir Z. OLDENBOURG, *L'Épopée des cathédrales*, Paris, Hachette, 1972, p. 194.

royaume à Notre-Dame par Louis XIII, désormais bien esseulées...

Il faut encore sauver Notre-Dame après l'incendie de 2019. Mais comment ? La charte de Venise de 1964 énonce des principes dont plusieurs sont juridiquement contraignants : un monument doit être restauré dans le dernier état connu. On peut admettre que cette rigueur s'applique à un musée ou un monument du passé pour lesquels il s'agit de fixer une période historique donnée ; mais Notre-Dame n'est pas d'abord un monument historique. La cathédrale de Paris appartient à l'État, l'Église catholique en est l'affectataire unique. Le canon 1210 du Code paru en 1983 prévoit que dans un lieu sacré, « sera défendu tout ce qui ne convient pas à la sainteté du lieu ». Une église n'est pas qu'un temple de pierres minérales, elle est d'abord une communauté de pierres vivantes. Ceux qui cheminent dans la foi connaissent des évolutions. Leur histoire connaît des variations, mais pas de moratoires ; elle témoigne de moments de vitalité, puis surviennent des périodes de repli qui entraînent à leur tour des réformes. Or, une réforme est précisément le contraire d'une « restauration dans le dernier état connu »... Tout est toujours à réformer, soupire un personnage du *Maître de Santiago*. Ce n'est pas parce qu'en plus d'un endroit en France, la réforme liturgique voulue par le concile de Vatican II a été interprétée selon un prisme idéologique étriqué, préoccupé de ruptures, et que son application s'est faite en quelques lieux de manière intempestive, provoquant souvent, hélas, un appauvrissement du patrimoine artistique et un enlaidissement systématique (comme si le minimalisme était le meilleur moyen d'exprimer la gloire de Dieu [1]), que l'Église n'a pas le droit d'adapter l'aménagement des lieux aux nouvelles perceptions de la foi, même dans des édifices historiques.

Les générations se renouvellent. L'heure est plutôt à l'apaisement aujourd'hui, alors que l'emporte dans l'opinion ce que Benoît XVI appelait « l'herméneutique de la continuité ». Les plus jeunes savent qu'ils ne savent pas ; les plus curieux d'entre eux cherchent plus à découvrir et à assimiler la culture chrétienne qu'à la remettre en question, à l'inverse de leurs aînés.

Cette conjoncture favorable rend plus aisé le dialogue entre les diverses parties concernées en vue

---

1. « Tout se passa comme si le registre des grands symboles n'avait aucun sens et ne relevait que d'une pathologie infantilisante. [...] Les pierres vivantes qui seules constituent l'Église, les hommes donc, sont le seul Temple. Tout le reste est un amas de superstitions. Émondons. Émondons. Dégraissons. Purifions. À force, il n'y eut bientôt quasiment plus rien ni personne à émonder, dégraisser, purifier », D. PONNAU, *La Beauté pour sacerdoce*, Paris, Presse de la Renaissance, 2004, p. 82.

de la réouverture de la cathédrale. L'archevêché de Paris a consenti un effort remarquable. En septembre 2019, a été constitué sous son égide un groupe de travail, l'*Atelier Notre-Dame*, afin de réfléchir aux diverses options souhaitées par le diocèse pour le relèvement de la cathédrale et son intégration dans l'espace urbain. Son directeur, le père Gilles Drouin, explique qu'il s'agit de « remettre à plat le fonctionnement liturgique [de l'église] en tenant compte des cinquante années d'expérience depuis la réforme liturgique [1] ». Une double question anime la recherche : « Que viennent chercher les millions de visiteurs qui se pressent sous les voûtes de la cathédrale ? », et : « Que devons-nous leur proposer comme expérience ? » Il n'est pas difficile de deviner que plusieurs des options proposées dans le document final s'inspirent de l'ouvrage *Architecture et Liturgie* [2] qui avait fait quelque bruit au moment de sa parution, en France du moins, car l'accueil du monde anglo-saxon avait été généralement favorable.

---

1. G. Drouin, document personnel. Voir du même auteur : *Architecture et Liturgie*, Paris, Éd. du 2019 ; « Initier au Mystère de et par la cathédrale », *Transversalités*, n° 154, juillet/septembre 2020.

2. Voir L. Bouyer, *Architecture et Liturgie*, Paris, Éd. du Cerf, 1967 (rééd. 2009).

Le même auteur ajoute que « l'art devra avoir sa place dans ce parcours, y compris l'art contemporain : le cardinal Lustiger avait montré la voie avec la Croix et la Gloire d'or de Marc Couturier dont la silhouette illuminée par les flammes qui tombaient de la charpente en feu, à l'ouverture des portes, la nuit du drame, a définitivement marqué les esprits ». L'occasion est extraordinaire, elle est même unique : repenser l'aménagement intérieur de la première église de France ! Pour une fois, les fonds ne manquent pas. Voici donc que l'Église, l'État et tous ceux qui ont manifesté leur générosité après l'incendie peuvent ouvrir une voie à cette collaboration avec les artistes si ardemment souhaitée par les derniers papes [1]. Un nouveau chapitre de l'art sacré va s'écrire.

La réalisation se heurtera à de rudes difficultés qui sont de deux sortes ; toutes deux apparaissent comme les fruits de la sécularisation des sociétés occidentales [2]. La première est d'ordre conjoncturel. Depuis quelques années, en effet, s'est forgée une opinion selon laquelle on ne devrait tenir compte

1. Voir, « L'Église et les artistes : quels enjeux pour demain ? », *Documents Épiscopat*, n° 2, 2020.

2. Voir C. TAYLOR, *Les Sources du moi. La formation de l'identité moderne*, Paris, Éd. du Seuil, 1998 ; *L'Âge séculier*, Paris, Éd. du Seuil, 2011.

d'aucun héritage. N'est-ce pas ce que soutient par ailleurs la « théorie du genre » ? Ce courant est devenu puissant[1]. Une société comme la nôtre doit s'émanciper de son passé. L'idée chrétienne représente une option parmi bien d'autres ; elle peut même devenir une simple « rareté ». Il faut donc proposer des œuvres qui se suffisent à elles-mêmes, en rupture avec ce qui existe déjà. Qu'on ne leur demande surtout pas de porter un quelconque message catéchétique ! Qu'on cesse de leur accoler une prétendue vocation liturgique ! L'église devient alors un lieu d'exposition, à l'égal des musées et des galeries ; en d'autres termes, elle se voit confisquée. Quant aux objets religieux, ils sont proprement vitrifiés – mis dans des vitrines – par la condescendance « bienveillante » de ceux qui ne se réclament d'aucune adhésion personnelle au christianisme et qui ne voient en eux que des œuvres d'art et de culture[2].

La seconde difficulté est plus ancienne. On ne voit plus que l'œuvre d'art veuille parvenir à une vérité éternelle. Pourquoi devrait-elle être une

1. Voir A. de Keros, *Nouvelle géopolitique de l'art contemporain. Chronique d'une domination économique et culturelle*, Paris, Éd. Eyrolles, 2019.

2. D. de Courcelles, « Retrouver et garder le sens des objets de foi », *Communio* 46, n° 4, 2021.

« belle œuvre » ? Et d'abord, qu'est-ce que la beauté ? Dans une lettre ouverte à Paul Claudel, André Breton écrivait, au nom du surréalisme : « Il ne saurait y avoir pour nous ni équilibre, ni grand art. Voici déjà longtemps que l'idée de beauté s'est rassise. » Une formule décisive de Lautréamont pourrait servir d'épigramme à ce courant : « Beau comme la rencontre fortuite sur une table de dissection d'un parapluie et d'une machine à coudre. » « Alors que l'esthétique moderne se nourrissait d'un sentiment partagé, immédiat, à prétention universelle, mais indicible : "c'est beau !", beaucoup d'œuvres contemporaines n'appellent plus ce type d'adhésion. On dit, parfois on s'écrie, après un moment de réflexion : "C'est de l'art" – ou dans les cas extrêmes, on demande : "Est-ce de l'art ?" –, mais beau n'est plus le mot qui convient. Le laid, le bouffon ou le brutal, le tragique ou le scandaleux sont souvent au rendez-vous. Ce qu'on valorise, c'est le travail, l'œuvre, la création – "J'aime beaucoup ce que vous faites" [1]. » On parle *d'art conceptuel*. N'importe quel objet façonné par l'homme peut être détaché de sa visée utilitaire initiale et devenir une œuvre d'art. À bien des égards, ce courant s'apparente à une tentation

1. S. LANDES, « L'art entre beauté et vérité », *Communio* 36, n° 4, 2011.

gnostique. « L'art n'existe que dans un ensemble d'instructions par l'artiste, pour que le spectateur, qui devient en fait créateur, fasse exister l'objet [...] exactement comme un morceau de musique n'existe que dans la mesure où il est interprété [1]. » L'artiste redevient un fabricant, plutôt qu'un créateur ; il retourne à la *technè* des origines. Ce qu'il est convenu d'appeler l'*art contemporain* conjugue cette difficulté avec la précédente quand il accorde à quelques-uns, dûment autorisés, mais non point à ceux qui n'appartiennent pas à ces confréries modernes, la licence de toujours transgresser les normes antérieures et de choquer les belles âmes.

Les présentes conférences prennent au sérieux le vœu de Jean-Paul II qui écrivait dans sa longue lettre aux artistes : « L'esprit est le mystérieux artiste de l'univers. Dans la perspective du troisième millénaire, je voudrais souhaiter à tous les artistes de pouvoir recevoir en abondance le don des inspirations créatrices dans lesquelles s'enracine toute œuvre d'art authentique [...]. Toute inspiration authentique renferme en elle-même quelque frémissement de ce souffle dont l'Esprit créateur remplissait dès les origines l'œuvre de la création [2]. » Ces

1. O. Boulnois, « Au-delà de la créativité », *ibid.*

2. Jean-Paul II, « L'Église et les artiste. Quels enjeux pour demain », *Documents Épiscopat*, n° 2, 2020, p. 96.

entretiens de carême s'appuient sur un fait historique : l'Église a toujours cherché à promouvoir le beau, à l'égal de deux autres transcendantaux, le vrai et le bon. Mieux encore, elle l'a toujours associé à sa mission fondamentale qui est de faire connaître l'Évangile à tous les peuples. Il suffirait pour s'en convaincre de se référer aux débats relatifs à l'iconoclasme (VIIIe/IXe siècle), aux mesures prises par le second concile de Nicée, du temps de l'Église indivise (787), aux dispositions du concile de Trente (1545-1563), ou encore au chapitre VII de la constitution *Sacrosanctum Concilium* de Vatican II qui affirme que l'Église a toujours été l'amie des beaux-arts, parce qu'ils « visent à exprimer d'une manière ou d'une autre dans des œuvres humaines, la beauté infinie de Dieu » (nº 122). Dans une lettre adressée aux artistes, le 21 novembre 2009, Benoît XVI insistait : « L'expérience du beau, du beau authentique, ni éphémère ni superficiel, n'est pas quelque chose d'accessoire ou de secondaire dans la recherche du sens et du bonheur, parce que cette expérience n'éloigne pas de la réalité [...]. Une fonction essentielle de la vraie beauté, déjà indiquée par Platon, est de donner à l'homme une *secousse* salutaire qui le fait sortir de lui-même, l'arrache à la résignation, à l'arrangement du quotidien, le fait souffrir aussi, comme un dard qui le blesse, mais qui le *réveille* justement ainsi, en lui ouvrant à nouveau les yeux du cœur et de l'esprit, en lui donnant des ailes, en le poussant vers le haut [1] ».

« Nous n'aimons que ce qui est beau », confessait saint Augustin [2]. Il existe ainsi une *via pulchritudinis* qui serpente au long de l'histoire du christianisme, mais aussi – pourquoi le nier ? – tout au long de l'aventure humaine. On ne peut se passer de beauté. Un jeune professeur cherchait récemment à savoir pourquoi. C'est que, avançait-il, la beauté nous apprend à développer notre intuition et nous sauve alors de notre incapacité à nous écouter. « Chaque émotion esthétique nous rappelle que nous pouvons être créateurs. Voilà pourquoi nous éprouvons de la gratitude à l'égard des artistes. Ils nous donnent la confiance au cœur de l'émotion : de leur faire tant confiance, nous finissons par nous faire confiance [3]. » C'est pour cela que la beauté finit par nous mettre en paix avec nous-mêmes.

Dans un ouvrage qui a quelquefois inspiré ces conférences, l'académicien d'origine chinoise, François Cheng, cite un vers du poète John Keats : « A thing of beauty is a joy for ever. » Il commente : « [...] le désir de beauté ne se limite pas à un objet

1. BENOÎT XVI, *ibid.*, p. 101.
2. AUGUSTIN, *De Musica*, VI, 13, 38.
3. C. PEPIN, *Quand la Beauté nous sauve*, Paris, R. Laffont, 2013, p. 38.

de beauté : le désir aspire à rejoindre le désir originel de beauté qui a présidé à l'avènement de l'univers, à l'aventure de la vie. Chaque expérience de beauté, si brève dans le temps tout en transcendant le temps, nous restitue chaque fois la fraîcheur du matin du monde [1]. »

Écoute, confiance, paix et joie : avec ces modestes présents disséminés sur la voie de la beauté, nous nous présentons devant Notre Dame, comme Charles Péguy nous invite à le faire :

> … voici la lourde nef
> Où nous ramons tout nuds sous vos commandements ;
> Voici notre détresse et nos désarmements ; […]
> Reine qui vous levez sur tous les océans,
> Vous penserez à nous quand nous serons au large [2].

---

1. F. Cheng, *Cinq méditations sur la beauté*, Paris, Albin Michel, 2006, p. 52.
2. C. Péguy, *Présentation de Paris à Notre Dame*, dans *Œuvres poétiques*, Paris, Gallimard, coll. « La bibliothèque de la Pléiade », 1957, p. 891.

Hans MEMLING, *Les sept joies de Marie*,
1480, huile sur bois, Munich, Alte Pinakothek.

PREMIÈRE CONFÉRENCE

NOTRE-DAME DES DOULEURS

La Providence, qui multiplie ses tours afin de nous surprendre, parvient quelquefois à nous étonner. En 1994, le cardinal Jean-Marie Lustiger, auquel ces propos voudraient rendre hommage, m'appela au téléphone pour me demander de donner, trois années successives, les *Conférences de carême* à Notre-Dame de Paris. « Vous y parlerez de morale », précisait-il : j'avais enseigné de fait la théologie morale fondamentale d'abord à Toulouse, puis en Suisse. Il ne me laissait qu'une seule recommandation : « Gardez l'accent que vos parents vous ont laissé ! » Vous l'aurez entendu vous-mêmes, je reste un homme du Sud.

Les techniques évoluent. C'est par un courriel que l'actuel Recteur de la cathédrale vint me solliciter cette fois : « Nous avons pensé que vous pourriez donner les prochaines conférences de carême. Vous y parlerez de Notre-Dame, puisqu'il s'agit de préparer sa réouverture, mais aussi de l'art et de la beauté. Sentez-vous libre de prendre ces sujets dans l'ordre qui vous paraîtra le plus convenable et d'en réaliser la synthèse.

N'oubliez pas d'évoquer votre expérience personnelle. »

Notre-Dame avait été évoquée à plusieurs reprises dans mes conférences, il y a vingt-cinq ans, notamment à propos de la conscience : « Conscience ! Conscience ! instinct divin, immortelle et céleste voix », s'exaltait déjà le *Vicaire savoyard* de Rousseau qui ouvrait ainsi la voie à la modernité. Dans un de ses radio-messages, Pie XII, l'un des grands théoriciens du sujet, déclarait : « La conscience est donc, pour prendre une image antique, mais tout à fait juste, un sanctuaire sur le seuil duquel tous doivent s'arrêter, même le père et la mère, lorsqu'il s'agit d'un enfant. » Un sanctuaire, avais-je avancé, qui ne disparaîtra que lorsque s'éteindra le dernier homme sur terre, alors qu'auront péri depuis longtemps les sanctuaires de pierres. « Que reste-t-il des temples d'Angkor ou de ceux de Palenque, à demi recouverts par les vagues immobiles d'une forêt sans cesse renaissante ? Les eaux du Nil ont submergé temples et tombeaux d'une Égypte restée énigmatique, dont les trésors ont été dispersés dans les grands musées du monde. Des monuments religieux de l'ancienne Grèce, il ne subsiste que des colonnes couchées à terre, comme les membres épars de géants foudroyés, et de rares édifices réduits à l'épure, sans couleur, sans secret, sans âme. Le temple de Jérusalem a été rasé par deux fois, et les héritiers d'Abraham s'en disputent non point les restes, puisqu'il n'en subsiste rien, mais un emplacement demeuré vide. »

Un quart de siècle plus tard, il faut bien admettre que le retour à la poussière ne renvoie pas seulement aux tribulations du temps jadis. Il se poursuit aujourd'hui et semble même s'accélérer en cette nouvelle ère. 1995 : le palais royal de Tananarive était une demeure modeste, si on la comparaissait aux magnificences de Versailles ou de Schönbrunn, et vieille d'un petit siècle, mais pour ce peuple fier de sa culture, il symbolisait le temple du pouvoir ; un incendie peut-être point tout à fait involontaire le réduisait en cendres cette année-là. En mars 2001, commandé par ces mêmes talibans revenus au pouvoir l'été dernier, un dynamitage systématique faisait disparaître l'un après l'autre les immenses bouddhas sculptés ou plutôt ébauchés dans la paroi calcaire de Bamiyian, en Afghanistan, qui avaient veillé, au cours de longs siècles, sur le travail et la méditation des moines. 2011 : la télévision nous donnait à souffrir de l'arasement du grand temple du Soleil, à Palmyre, qui combinait si étonnamment les subtilités de l'art grec et du perse. Le fanatisme religieux n'a que faire de l'art, de l'histoire, de la culture et de la beauté, du témoignage des sages, de l'homme en fin de compte. La même année enfin, en septembre, des avions-suicides s'encastraient, sous nos yeux incrédules, dans les tours jumelles de New-York, ce temple du commerce et de la mondialisation triomphante qui s'effondrait en noyant dans la poussière des milliers de personnes et des quartiers entiers de la ville. Les dangers viennent de toute part. Il arrive qu'un nationalisme étroit, au nom de la pureté des origines, s'en prenne à toutes les influences extérieures. En Malaisie, furent récemment détruits tous les anciens édifices qui n'étaient pas malais. On agit de même à Saint-Jean-d'Acre, en Israël, malgré une plainte de l'Unesco qui resta sans suite...

C'est donc avec une espèce d'innocence – je ne trouve pas de mot plus juste ; naïveté peut-être – que j'ajoutais en cette même conférence : « Quel bonheur pour nous de nous retrouver chaque dimanche, pour la prière et la réflexion, dans cette magnifique cathédrale de Notre-Dame de Paris ! Nous savons pourtant qu'elle rejoindra un jour l'immense cohorte des vestiges engloutis dans la mémoire de l'Histoire. Tout passe, les êtres et les pierres, celles-ci un peu moins vite que les premiers, voilà tout. »

Mes paroles voyaient plus loin que mon esprit. La Providence nous étonne, disais-je, lorsqu'elle nous plonge dans la désolation la plus inattendue. Qui aurait imaginé que nous allions assister à la réalisation, certes partielle, de ces prévisions quelque peu rhétoriques ? « 15 avril 2019. Il est 18 h 18, c'est l'heure de la messe du soir dans la cathédrale. Dans le poste de sécurité, l'alarme soudain signale un début d'incendie. L'alerte est donnée au clergé qui interrompt la cérémonie : l'évacuation de la cathédrale se fait dans le calme. Mais aucune inspection ne détecte d'anomalie. 18 h 45, seconde alarme. L'appel est lancé aux services de sécurité qui sont sur les lieux à 19 heures.

Le feu a pris dans la toiture, au pied de la flèche et s'est développé avec tant de rapidité que l'accès au comble et l'usage des colonnes sèches sont impossibles. Les pompiers ne peuvent intervenir que de l'extérieur, et bientôt l'incendie est hors de contrôle. Sous les yeux de la foule immense qui s'est amassée et regarde, médusée, la flèche s'effondre à 20 heures, freinée dans sa chute par l'échafaudage monté pour la restaurer, mais crève une portion de voûte de la nef et du bras droit du transept, fracassant les chaises situées en dessous. La toiture et sa charpente sont dévorées par le feu à une vitesse stupéfiante. Dans ce combat inégal, les pompiers tentent, par une muraille d'eau projetée par des lances à haute pression, de protéger les tours occidentales. Ils finissent par accéder à la terrasse des Chimères, pénètrent dans le clocher, et parviennent à bout du feu. 22 h 40, après quatre heures, le feu est sous contrôle. L'édifice est-il "sauvé" pour autant ? L'effondrement de la voûte de la croisée du transept qui survient peu après rappelle que l'édifice reste en état de péril critique... »

Tristesse, accablement, désolation... Les mots nous manquent pour désigner ce désastre. Qui l'aurait cru ? Notre-Dame offensée ! Notre-Dame martyrisée ! Notre-Dame éventrée, tandis que continuent à se dresser, comme stupéfaites et désormais sans voix, les tours de la façade... À l'intérieur, règne l'odeur âcre des poutres calcinées ; la poussière de plomb mettra plusieurs jours avant de se déposer ; l'eau a tout envahi, finalement aussi redoutable que le feu pour la conservation des œuvres d'art. Vu du ciel, on aurait dit qu'un aigle géant avait été foudroyé en plein vol et cloué là, en ce bord de l'île de la Cité, son plumage détrempé, laissant apercevoir des pans entiers de sa carcasse : une croix immense mise à nu...

Les poètes empruntent quelquefois les longues-vues des prophètes. « Notre-Dame est bien vieille, annonçait Gérard de Nerval, mais dans quelque mille ans, le temps fera broncher/Comme un loup fait un bœuf, cette carcasse lourde/Tordra ses nerfs de fer, et puis d'une dent sourde/Rongera lentement ses vieux os de rocher. »

La stupéfaction, a-t-on écrit, a été générale. Je dirais plutôt qu'elle a été universelle. Paris, la ville la plus visitée au monde ; Notre-Dame, le monument le plus couru de Paris, puisque s'y rendaient chaque année plus de douze millions de visiteurs : Notre-Dame devenue Notre-Dame des peuples. On a répété que tous ceux qui franchissaient les portes de l'église n'étaient pas des pèlerins : certes, mais une enquête très récente montrait que 46 % d'entre eux portaient une interrogation de caractère transcendant. Qui pourrait soutenir donc que l'espace, la beauté, la lumière, les œuvres d'art, la musique peut-être, peut-être un morceau de liturgie pris en déambulant dans les bas-côtés, l'expérience du sacré en un mot, n'ont pas suscité chez beaucoup de ces voyageurs de partout un pincement de cœur, un battement de l'âme, un réveil de nostalgie ?

Pour les habitants de notre pays, pour les fervents de la culture française, la cathédrale de Paris jouait le rôle de mémorial et de vigie de l'identité. Depuis le XIIe siècle, et même auparavant, sous Charlemagne, en 775, si l'on se rappelle que la première cathédrale avait déjà choisi la Vierge comme protectrice, l'histoire nationale, avec ses fêtes et ses drames, ses mariages et ses sacres, ses *Te Deum* et ses humiliations, s'est concentrée presque tout entière en ce vaisseau immense. Elle s'y poursuit encore aujourd'hui, quand un parterre de chefs d'État et de gouvernement, venus de tous les continents, vient y honorer la mémoire d'un président défunt : la cathédrale de Paris devenue Notre-Dame de France. On a même vu « dans cet incendie une sorte de décapitation symbolique, finalement assez proche d'une autre décapitation, volontaire, celle-là, et sanglante, opérée par la nation elle-même sur le corps propre de son roi, 230 ans plus tôt, mais qui n'a pu atteindre son corps symbolique » (Gilles Drouin).

Enfin, plus important que tout ce qui précède, puisque cela touche à la raison d'être première d'une église : Notre-Dame favorisait, aussi souvent que nécessaire, chaque modeste journée, les retrouvailles de Dieu avec son peuple. Le sacrifice du Christ s'y poursuivait chaque jour ; chaque jour, la Parole de Dieu y était proclamée, commentée, méditée ; chaque jour, son lot de pécheurs repentants, d'âmes inquiètes et de dévots sincères franchissaient ses portes. Notre-Dame, témoin des patientes et laborieuses avancées des fidèles sur la voie de leur Seigneur, ou de fulgurantes conversions, comme celle de Claudel devant la belle effigie qui a trouvé un refuge provisoire en cette église de Saint-Germain, juste à ma gauche en ce moment, et qui écoute et intercède pour nous : Notre-Dame des poètes et des pauvres hères. « … voici la lourde nef/ où nous ramons tout nuds sous vos commandements/Voici notre détresse et nos désarmements » : Charles Péguy présentait Paris à sa patronne, Notre-Dame, en ces termes qui donnent son titre à notre cycle.

Mille questions surgissent. L'une d'elles m'a particulièrement marqué, formulée par un essayiste après la tragédie : « Quelle est cette époque qui prétend augmenter l'homme sans conserver ses châsses ? Quelle est cette impéritie ? Comme la modernité manque de sérieux ! Pourquoi ne sommes-nous pas de meilleurs *conservateurs* ? Que signifie cet écroulement ? » Et de risquer une amère interprétation : « L'époque peut-être ne méritait-elle plus cette flèche. Elle ne s'est pas effondrée. Elle s'est soustraite au carnaval. […] Et si l'effondrement de la flèche était la suite logique que nous faisons subir à l'Histoire ? L'oubli, le ricanement, la certitude de nous-même, l'emballement, l'*hybris*, le fétichisme de l'avenir… et, un jour, les cendres » (Sylvain Tesson).

Il est sûr que de telles réflexions atteignent de plein fouet la communauté catholique. L'émotion suscitée par l'incendie de la cathédrale a étonné ; certains chrétiens en ont été choqués, comme si cette émotion passait à côté de l'essentiel. Cette réserve s'entend quand on consent à reconnaître que la culture générale s'est dissoute chez les générations plus jeunes, et que la culture chrétienne s'est estompée dans la conscience de beaucoup de croyants : on dirait que l'héritage pèse à beaucoup. Pour nombre de croyants, les églises de pierre ne sont que des instruments indifférents ; leur qualité et notamment leur qualité artistique importent peu à la mission laissée par le Christ. Ils font leurs, mais sans les bien comprendre, les propos de l'apôtre Paul qui écrivait que Dieu « n'habite pas dans des temples faits de mains d'hommes » ; « nous ne devons pas penser que la divinité soit semblable à l'or, de l'argent ou de la pierre, travaillés par l'art et le génie de l'homme » (Ac 17, 24.29). Dieu, certes, mais son peuple ? Lui a besoin de lieux où se réunir dans la fraternité, pour écouter la Parole divine, faire mémoire du sacrifice du Christ, se nourrir de ses sacrements, s'éclairer à la lumière de l'enseignement de l'Église, célébrer une liturgie qui est la préfiguration de la liturgie céleste. Les pierres et le peuple, c'est tout un. Ne pourrait-on admettre finalement que la gratuité de la beauté jette sur chacun de ces actes un éclat particulier, et particulièrement nécessaire en ces temps d'extrême rationalisme, alors que la société cherche, jusqu'à l'obsession, à tout contrôler, à tout prévoir ? Que la beauté introduit au mystère, et que nous avons besoin d'elle pour nous étonner, nous déranger et nous inciter à vivre autrement ?

Dans ma vie d'évêque ou de religieux, combien de fois ai-je entendu cette réflexion venant de responsables de paroisses, prêtres et laïcs, ou de personnes consacrées, qui pourtant s'adonnaient à leur tâche avec le plus grand zèle : « Les pierres ne nous intéressent pas. Conserver, restaurer, ce n'est pas notre affaire. Nous, nous voulons servir les hommes » ! Chemin faisant, je me suis toujours efforcé de dialoguer avec cette objection ; je poursuivrai ce dialogue, encore ici, dans la perspective de la réouverture de Notre-Dame. Comment aider les communautés chrétiennes à admettre que le patrimoine artistique, avant d'être une charge, notamment financière, reste une chance pastorale, la seule qui reste peut-être à notre Église en ces temps de grande sécheresse ?

Pour le comprendre, il convient de prendre les choses de très haut. Il y a la terre et puis il y a le ciel. Il y a le temps, et puis il y a l'éternité : ce ne sont pas deux royaumes étrangers l'un à l'autre. Il y a le temple physique, mais il y a encore la présence mystique de celui ou de celle auquel il est dédié. Les pierres de la terre et les pierres vivantes des hommes interpellent le ciel, chacune à leur manière, mais d'un même élan, et le ciel intercède pour les unes comme pour les autres. Les titres de nos églises ne répondent pas à une simple préoccupation nominative. Dieu aime tellement les temples à lui consacrés que son Esprit place chacun d'eux sous le patronage d'un saint ou d'une sainte. Or, ces « voisins de dessus » sont d'une terrible jalousie : ils agissent avec une efficacité insoupçonnée auprès de ceux qui ont été placés sous leur protection.

La constitution dogmatique *Lumen gentium* du dernier Concile contient un passage magnifique : « Étant plus intimement liés avec le Christ, les habitants du ciel continuent à affermir plus solidement toute l'Église en sainteté, ils ajoutent à la grandeur du culte que l'Église rend à Dieu sur terre, et l'aident de multiples façons à se construire plus largement. Car, admis dans la patrie et présents au Seigneur, par lui, avec lui et en lui, ils ne cessent d'intercéder pour nous auprès du Père... » (n° 49). Dans la cérémonie de l'ordination sacerdotale, il est un moment particulièrement émouvant : lorsque le candidat se prosterne devant l'évêque, en signe d'abandon à la volonté de Dieu à travers la médiation des supérieurs, et qu'est lancée la litanie des saints. On dirait un chant de marche, si du moins la musique retenue reste nerveuse et allante. La répétition des « Priez pour nous » scande nos pas. Cette longue théorie des anges et des prophètes, des apôtres, des pasteurs, des martyrs et des moines, des hommes et des femmes de toutes les époques qui ont suivi le Christ, pourquoi les invoque-t-on avant l'imposition des mains ? Le rituel place dans la bouche de l'évêque les paroles suivantes : « Avec tous les saints du ciel qui intercèdent pour nous, confions à la miséricorde de Dieu ceux qu'il a choisis comme prêtres. » Dieu choisit ses prêtres donc ; on pourrait ajouter : Dieu choisit ses temples, ses demeures minérales sur la terre où se donne à percevoir quelque chose de sa beauté, de sa gloire, de sa compassion pour ses créatures, toutes ses créatures. Témoins, garants, avocats : n'est-ce pas suffisant pour prouver la singulière efficacité des saints patrons ?

Ainsi, le nom chrétien n'est pas un ornement, mais un engagement de la part du ciel. L'affirmation vaut d'abord pour les hommes, bien sûr. Quel dommage, soit dit en passant, d'affubler les enfants présentés au baptême de noms de fleurs, d'acteurs ou de personnages imaginaires ! Que d'occasions manquées pour ces petits de se faire assister par de célestes parrains, au long de leur pèlerinage terrestre ! L'affirmation implique aussi, d'une manière qui reste mystérieuse, certes, mais que nous devons tenter de cerner, les sanctuaires. La cathédrale de Paris a été placée sous le vocable de Notre-Dame. Il revient donc à la Mère de Dieu de protéger la maison qui s'est réclamée d'elle au long des péripéties de l'Histoire, même dans la douleur : cette première conférence ne porte-t-elle pas, au vu du drame récent, le titre de *Notre-Dame des douleurs* ? Qui dit protéger dit aussi présider à sa restauration.

Les lectures liturgiques de ce Carême ne parlent pas de la Vierge Marie, à l'exception de deux épisodes. Dans quelque trois semaines, nous célébrerons l'Annonciation : c'est à cette occasion que la jeune fille pieuse entrera sur la scène évangélique. Et puis il y aura, au cours de la Semaine Sainte qui viendra couronner le Carême, la lourde station au pied de la croix d'une mère éplorée : *Stabat Mater*, chanté avec tant de délicatesse par un Pergolèse ou, avant lui, par un Palestrina, ou encore, plus près de nous, par Rossini et Poulenc. Entre ces deux extrémités, quelle destinée ! Y eut-il jamais d'existence humaine plus passionnante que celle de la Vierge Marie ? Choisie entre toutes les femmes, portant en elle le Verbe fait chair, le voir naître, grandir « en sagesse et en grâce » (Lc 2, 40) et lui enseigner son métier d'homme, puis plus tard, après l'avoir enfanté à sa mission, lors des noces de Cana, écouter ses enseignements, assister à ses miracles et l'accompagner à travers sa passion jusqu'au pied de la croix, le recevoir une dernière fois sur ses genoux, mais mort, dans cette attitude de *Pietà* qui donna tant de chefs-d'œuvre à l'art occidental, le suivre encore de loin en son incroyable mission de ressuscité, enfin recevoir son Esprit au milieu de ceux qui allaient porter son Évangile jusqu'aux extrémités de la terre, avant de s'acheminer dans la plus grande discrétion vers le partage éternel de la gloire céleste : en vérité, aucun héros romanesque, aucun grand personnage de l'Histoire ne soutient la comparaison. C'est que Marie de Nazareth avait été associée de manière privilégiée à la plus grande aventure de tous les temps, la seule qui importait vraiment, celle du salut.

On aurait aimé dès lors la connaître au plus intime, percevoir ses réactions et les mouvements de son cœur, entrer dans son âme, en somme. Or, Marie ne dit rien. L'évangile se contente de noter qu'elle conservait tout cela en son cœur (Lc 2, 19), « en le méditant ». Il y a dans ces deux verbes, conserver et méditer, comme un secret de vie : en gardant au plus profond les épisodes dont elle était le témoin, c'est du mystère tout entier qu'elle devenait garante.

En savoir davantage, parce qu'on n'aime bien que ce que l'on connaît. La dévotion populaire répond à ce désir : stimuler l'imaginaire en s'appuyant sur la Parole de Dieu, de près ou de loin, pour affermir la foi. On sait que le pape François revient souvent sur ce thème, parce que la dévotion populaire constitue peut-être le premier ressort de la « nouvelle évangélisation » lancée par Jean-Paul II. Malmenée dans les premières années de l'application du Concile, elle reprend droit de cité en nos vieilles terres de chrétienté où tant de basiliques, tant d'églises, tant de chapelles se prêtent si bien à des pèlerinages renouvelés. Les chiffres ont toujours fasciné. Sept est réputé parfait, signe de plénitude et de surabondance. Le livre de la Genèse racontait déjà la création en sept jours. Lorsque Jésus commence sa vie dite publique, à Cana, l'évangéliste prend soin de préciser que la scène se déroulait le septième jour, puisqu'il s'agissait d'inaugurer une création nouvelle. Le chiffre se répète tout au long du dernier livre de la Bible, l'Apocalypse, à la manière d'un refrain. La dévotion populaire a évoqué les sept paroles du Christ en croix, magnifiquement mises en musique par Joseph Haydn, mais aussi la figure de Notre-Dame des Sept Douleurs, vénérée juste après la fête de l'Exaltation de la Croix. On avait cependant quelque peu oublié qu'il existait aussi, depuis le Moyen Âge, *Les Sept Joies de Marie*.

À la Alte Pinakothek de Munich, un tableau de Hans Memling porte justement ce titre des *Sept Joies de Marie*. La peinture flamande parvient là à son apogée. Je me suis souvent demandé pourquoi cet art-là pénétrait jusqu'au plus profond de nous-mêmes, jusqu'à l'âme. Le génie de cette peinture consiste en ce que l'extrême précision du détail et la rigueur des descriptions de paysages – voyez comme les navires flottent sur l'argenté des mers du nord ! – n'accrochent le regard que pour le conduire aux portes du mystère. Un esprit fait de sérénité et d'intimité, de douceur et même de tendresse, traverse les vues panoramiques et imprègne les instruments les plus prosaïques. Les extérieurs sont rendus par des couleurs plutôt froides, bleu, vert ou noir, qui incitent à entrer dans les maisons et à s'enfermer dans des pièces douillettement chauffées où dominent le jaune et le rouge, couleurs de l'âtre, de l'âme. En fixant notre attention sur des objets concrets, le pinceau nous laisse deviner, comme malgré nous peut-être, qu'il existe un autre monde, plus beau et plus profond qui, à peine entrevu, fait entrer dans notre cœur une nostalgie inextinguible. Ces peintres sont les contemporains du courant appelé *devotio moderna*. Bien que née dans les cloîtres, notamment chez les béguines et les moniales dominicaines, dans les Flandres ou en pays rhénan, cette spiritualité sera la première mise à la portée des laïcs modernes.

Memling raconte la merveilleuse aventure de celle qui a été comblée de grâces (Lc 1, 30).

Au cours de ce carême, quelques-unes des stations qu'il suggère seront laissées à notre méditation. Il s'agira à chaque fois de demander à Marie de nous conduire jusque dans sa cathédrale et d'évoquer, à l'ombre de la première église de France, toutes nos églises de pierre où la création artistique s'est mise au service du message évangélique.

Car il existe une voie chrétienne de beauté.

DEUXIÈME CONFÉRENCE

LE GRAND DISCRET

Notre-Dame nous guide au long de ce carême. Elle a déployé son grand manteau blanc, avec ses chapelles, ses églises et ses cathédrales, ses basiliques aussi, sur toutes les terres où l'Évangile a été annoncé. Chaque vie pourrait ainsi égrener le chapelet des rencontres personnelles. Pour ma part : Notre-Dame de Brugués, à un battement d'ailes de Barcelone, puis la Notre-Dame de Mougères de mon enfance que vinrent prier tant de chartreux, tant de dominicains, tant de viticulteurs travaillant la riche glèbe du biterrois. Dans mon bon diocèse d'Angers, je me mis à fréquenter Notre-Dame de Béhuard où, à la demande du roi Louis XI, les cloches sonnèrent l'*Angelus* pour la première fois au monde. Plus tard, je me suis attaché à la chapelle de Notre-Dame de Montplacé, au baroque touchant, esseulée dans la campagne du beaugeois : elle rappelle l'apparition de la Vierge sous la forme d'une vieille statue en bois qui, vers 1610, se mit soudain à rayonner d'une lumière éblouissante aux yeux d'une bergère filant le chanvre et surveillant son troupeau dans une lande infestée de loups. Puis vint le temps des grands pèlerinages, à Lourdes, bien sûr, où nous nous rendions presque chaque année, à Notre-Dame du Liban, vénérée par des chrétiens aussi bien que par des musulmans, à Notre-Dame de Guadalupe, aux portes de Mexico, qui draine vers l'immense basilique moderne des millions d'Américains, tandis que les plus fervents gravissent à genoux les dernières marches avant d'accéder à la vaste esplanade. Paris, enfin, où nous nous apprêtons à retrouver, selon le murmure incantatoire de Péguy, le

Double vaisseau de charge aux deux rives de Seine
Vaisseau de pourpre et d'or, de myrrhe et de cinname
Vaisseau de blé, de seigle, et de justesse d'âme,
D'humilité, d'orgueil, et de simple verveine.

C'est ainsi que Notre-Dame accompagne chacun de nous sur son pèlerinage sur terre, à sa manière, proche et discrète, mais souveraine, si du moins nous condescendons à partir à sa rencontre. « Santé des malades/refuge des pécheurs/consolatrice des malheureux », scandent ses litanies. Dans son second *Hymne de Noël*, l'un des plus grands poètes sacrés de Byzance, au VIe siècle, Romanos le Mélode, imagine qu'ayant entendu la berceuse que chantait doucement Marie à son nouveau-né, Ève courut réveiller Adam, le premier homme. Elle le conduisit devant la grotte de la nativité et celui-ci se mit à implorer la Mère : « Me voici à tes pieds, ô Vierge Mère Immaculée, et à travers moi, ce sont tous ceux de ma race qui se tiennent devant toi [...]. Écoute les gémissements de ton père [...]. Vois les guenilles dont je suis vêtu après avoir été trompé par le serpent. Montre ma pauvreté extrême à Celui que tu viens de mettre au monde... »

Marie s'empressa de le consoler et de le rassurer : « Cesse de verser des larmes et choisis-moi comme médiatrice auprès de Celui qui est né de moi. Celui qui vous apporte la joie est ce même Dieu qui a été engendré de toute éternité. »

Jésus écouta sa Mère et lui révéla le plan de salut que le Père s'apprêtait à réaliser par la mort ignominieuse de son Fils. « Ma Mère, vois dans ma mort comme un songe. Après trois jours passés dans le sépulcre, tu me verras revivre ; je rénoverai alors la terre et tous ceux qui l'habitent. Annonce au monde cette bonne nouvelle. »

Et Marie, saluée comme étant pleine de grâce, d'inviter Adam et Ève, nos premiers parents, à la patience et à l'espérance.

La donatrice de la peinture de Hans Memling évoquée dimanche dernier, *Les Sept joies de Marie*, se tient, comme il se doit, au bas de l'œuvre, à droite. Agenouillée, elle vient de contempler une scène étonnante. Représentée de profil, elle semble en tirer une méditation qui se prolonge, une leçon de vie. Un diablotin en face d'elle cherche bien à la distraire, en faisant des grimaces, mais en vain. Voici donc une belle bâtisse, presque un château, qui s'adosse à l'une des tourelles des remparts : on reconnaît alors le Cénacle verrouillé dont parlent les Actes des Apôtres. Après avoir quitté la colline du Mont des Oliviers, est-il rapporté dans ce livre, Pierre, Jean, Jacques et André et les autres membres de la petite troupe apostolique regagnèrent Jérusalem et montèrent dans la chambre haute. « Tous, unanimes, étaient assidus à la prière, avec quelques femmes dont Marie, la mère de Jésus, et avec les frères de Jésus » (Ac 1, 13-14). La façade principale de la demeure vient de s'évanouir sur le tableau. Elle n'a pas été démolie : aucune destruction, aucune brique éparse, aucune trace de gravats dans les parages. Non, elle vient de s'effacer, comme s'ouvre au théâtre le rideau de la scène. Nous assistons, en effet, au premier acte de la dramatique chrétienne.

Cette scène, le Christ l'avait annoncée en frappant les trois coups : « Le Père vous enverra en mon nom l'Esprit Saint, le Paraclet et celui-ci vous enseignera toute chose » (Jn 14, 26). Deuxième coup : « Jean a bien donné le baptême d'eau, mais vous, disait-il à ses disciples, c'est dans l'Esprit Saint que vous serez baptisés d'ici quelques jours » (Ac 1, 5). Troisième coup enfin : « [...] vous allez recevoir une puissance, celle du Saint Esprit qui viendra sur vous ; vous serez alors mes témoins [...] jusqu'aux extrémités de la terre » (Ac 1, 8). L'enclos fermé est devenu une estrade publique, puisqu'il n'y a plus de façade : avec une grande subtilité, le peintre a rendu compte de l'audace des apôtres sortant du Cénacle et s'adressant dans toutes les langues aux divers peuples qui s'étaient rendus à Jérusalem (Ac 1, 6). Le monde vient d'entrer dans une ère nouvelle.

Intérieur, extérieur : ainsi respire l'Église. À l'extérieur, au cours des siècles, elle a déployé tout le génie de la mission afin de conduire les peuples à connaître le vrai Dieu, et à l'aimer. Elle a député les meilleurs de ses fils à cette tâche surhumaine : ses prédicateurs, ses orateurs, ses philosophes et ses théologiens, ses enseignants et ses maîtres en pédagogie, ses savants et ses artistes, les innombrables témoins enfin du dévouement fraternel et de la compassion divine dont l'Histoire n'a pas voulu retenir les noms. Elle a porté l'Évangile sur tous les continents et permis au christianisme de devenir aujourd'hui, avec plus de deux milliards de fidèles, la religion la plus nombreuse de la planète.

Ce faisant, l'Église a donné naissance à une civilisation, la nôtre. Ses cathédrales ont abrité les premières écoles, ses monastères ont inventé la démocratie, ses hospices se sont transformés en hôpitaux, ses juristes ont dessiné le profil de l'État moderne, ses intellectuels ont fondé à Bologne la première de nos Universités, tandis que l'École de Salamanque élaborait, bien avant les Lumières, les premiers principes des droits des gens et des peuples. L'Église s'est toujours exprimée sur la place publique devenue en quelque sorte son lieu le plus naturel, depuis le discours de saint Paul sur l'Acropole d'Athènes (Ac 17, 16 s.). Elle n'a pas hésité, au cours des siècles, à tancer les puissants, au prix de ses martyrs, et à soutenir les faibles...

On objectera sans doute qu'il y eut des pages sombres et des trahisons dans l'aventure de la mission apostolique. Qui songerait à le nier ? Chaque matin, quand j'ouvre ma fenêtre, il me suffit d'apercevoir le clocher de la Madeleine pour me remettre en mémoire les terribles massacres de 1209 dont eut à pâtir la ville de Béziers, au nom de la foi, prétendait-on. Mais pourquoi faudrait-il qu'un œil sceptique se fixât seulement sur ces zones d'ombre ? Pourquoi cultiver ce qui s'apparente bien à une morbidité historique ? Et battre sa coulpe sans rémission ? Vous regardez l'obscur, disait le poète, et je vois les étoiles. Chacun a sa façon de contempler la nuit (Victor Hugo).

La trame de l'histoire humaine a beau être tissée serrée, la lumière finit toujours par passer au travers. Cette lumière vient de ceux que la Vulgate nomme « les hommes de bonne volonté » : ils ont recherché le bien en droiture de cœur et se sont appliqués à le faire rayonner autour d'eux. D'une certaine manière, ces justes tiennent le monde et l'empêchent de s'abîmer en désespérance : le christianisme n'est-il pas la seule religion venue de l'Antiquité qui fit de l'espérance une vertu ? L'Église voit en eux des apôtres de la charité, des saints. Si la très grande majorité de ces fils de lumière sont restés dans l'anonymat, glissant ainsi dans l'oubli des siècles, quelques-uns ont laissé des témoignages émouvants qui forcent notre admiration et justifient notre vénération. Ils représentent le vrai trésor de l'Église, son visage le plus authentique, c'est pour cela que nos temples de pierre ont été placés sous leur patronage.

Et puis, il y a l'intérieur. C'est à l'intérieur que se produisit l'évènement fondateur. Les Actes affirment que l'Esprit Saint se manifesta sous la forme de langues de feu qui se posèrent sur la tête de chaque disciple (Ac 2, 3). Notre peintre interprète la scène avec la liberté de l'artiste : il ne représente plus ces langues, mais des rayons lumineux qui, partant de la colombe blanche, symbole de l'Esprit depuis le baptême de Jésus, vient illuminer chaque témoin. Il rend avec beaucoup de soin l'intérieur du Cénacle qui est en somme la première de nos églises de pierres. Regardez la haute cheminée digne des plus nobles demeures. Le contraste est flagrant avec la masure délabrée où est né le Sauveur et qui figure à l'opposé de la peinture, en bas, à gauche. Le sol est travaillé avec délicatesse, alternant carrelage sombre et pavés de couleur claire. Un clocheton, situé au sommet de la bâtisse, signale qu'un air de Renaissance italienne a commencé à souffler sur les plaines flamandes. Là, tout fleure l'ordre, la paix, le recueillement, le goût, enfin.

Les Apôtres sortent du Cénacle, mais ne le quittent pas. Sur les places de la ville, ils annoncent cet incroyable évènement qui bouscule le simple bon sens : Jésus dit le Nazôréen, celui qui avait été livré et mis en croix, a été ressuscité par Dieu (Ac 2, 23-24). Au Cénacle, ils reviennent pour se reposer, refaire leurs forces et évaluer les progrès de la mission. Les décisions importantes y sont prises, après que chacun eut pris la parole. Le texte nous rapporte que Matthias y fut élu, en remplacement de Judas, afin que le collège apostolique comportât toujours douze membres (Ac 1, 26). Au Cénacle surtout, on prie, on célèbre les louanges du Seigneur.

Dans son encyclique *Dominum et vivificantem*, Jean-Paul II relevait que « si c'est un fait historique que l'Église est sortie du Cénacle le jour de la Pentecôte, on peut dire qu'en un sens elle ne l'a jamais quitté. Spirituellement, l'évènement de la Pentecôte n'appartient pas seulement au passé : l'Église est toujours présente au Cénacle qui reste présent dans son cœur. [C'est là] que l'Église persévère dans la prière, comme les Apôtres, avec Marie… » (§ 66). Pour cette raison, il est injuste et même choquant d'opposer la mission à la célébration, comme on l'a souvent entendu faire. À l'élite, répétait-on, l'aventure du plein vent ; aux plus timorés, la gestion des sacristies. Cessons de caricaturer pour reconnaître simplement qu'avant d'être proclamé sur les places publiques, l'Évangile a besoin d'être étudié, commenté, enseigné, médité, magnifié dans la célébration liturgique. Sinon, réduite à la sécheresse de son seul message, la mission apostolique ne manquerait pas d'être bientôt perçue comme une œuvre de propagande, une idéologie comme il en existe tant sur le marché des idées, véhiculant une religion humanitaire, un humanisme finalement assez plat. L'annonce prend toujours chair dans la célébration.

Hans Memling représente Marie assise au milieu du groupe. Le texte des Actes ne le dit pas formellement, mais puisqu'il a précisé qu'elle se réunissait avec les disciples dans la chambre haute, on ne peut imaginer qu'elle fût absente en ce moment capital. Les plus anciennes traditions l'ont entendu de cette manière. Marie s'était tenue à l'écart durant la vie publique de son Fils. Elle était demeurée seule au pied de la croix, comme nous le rappelions la semaine dernière ; elle réapparaît à ce moment, puisqu'elle est devenue le cœur de la nouvelle assemblée du peuple de Dieu sur laquelle descend l'Esprit.

Le peintre fait figurer à deux reprises la colombe du Saint-Esprit. La première se situe en haut, à droite du tableau : l'ange annonce à une toute jeune fille qu'elle a été choisie par le Très-Haut pour que le Verbe puisse prendre racine en elle. « [...] que tout proche vers elle s'inclinât un visage d'adolescent, imagine Rilke dans un poème inattendu, et qu'ainsi son regard et celui qu'elle élevait à lui s'accordassent comme si soudain tout était vide et ce que voyaient, cherchaient, portaient des millions d'hommes était concentré sur elle : seulement elle et lui [...] Vois ! cela fait peur. Et tous deux tressaillirent. Alors l'Ange chanta sa mélodie. » L'Esprit Saint viendra sur elle et la couvrira de son ombre : l'expression est magnifique (Lc 1, 35).

Dans la scène qui retient notre attention en ce moment, Marie offre les traits d'une dame fatiguée. Chaque fois que je pénétrais dans la basilique de Saint-Pierre, ce qui était fréquent au cours des onze années de mon séjour romain, je ne manquais pas de m'arrêter devant la célèbre *Pietà.* Michel-Ange laisse à la Vierge la beauté radieuse de la jeunesse, comme si la grâce devait épargner les flétrissures de l'âge, ou encore, plus profondément, comme si l'Église dont Marie devenait désormais le symbole devait conserver éternellement la fraîcheur des premières annonces… La matrone flamande, elle, n'éprouve pas le besoin de lever la tête, tandis qu'autour d'elle, les disciples tendent vers la colombe des regards extatiques. Un ouvrage ouvert est posé sur ses genoux. Ce qu'elle avait conservé dans son cœur se trouve désormais déposé dans le saint livre des Écritures.

L'Esprit a accompagné Marie d'un bout à l'autre de sa maternité. Il existe donc une relation particulière entre eux. Cette relation gardera toujours sa part de mystère, mais il est possible d'avancer qu'elle ne fut en aucun cas comparable aux relations humaines que nous connaissons. Les théologiens parlent plutôt d'une relation d'*inclusion.* Lorsque Marie répond à l'ange qu'elle accepte une volonté divine par ailleurs incompréhensible, elle ramasse en elle toute l'humanité qui accueille ainsi le Fils de Dieu dans l'histoire terrestre. À la Pentecôte, Marie devient la figure de toute l'Église, désormais éclairée par l'Esprit. Nous en avons pour preuve la décision prise par le pape François, le 11 février 2018, de placer le lundi de Pentecôte, juste après la grande fête de l'effusion de l'Esprit qui marque la naissance de l'Église, sous le vocable de la Bienheureuse Vierge Marie, Mère de l'Église.

Jamais Marie sans l'Esprit, disions-nous. Jamais Marie sans l'Église. Jamais l'Église sans le culte de l'Esprit.

Encore faudrait-il se référer à l'Esprit Saint ! J'avais rendu visite à un évêque du voisinage. Il n'était pas très âgé, mais se savait malade. Celui qui affrontait sereinement l'ultime épreuve de vérité me parla de sa foi. « Avec le Christ, me confia-t-il, j'ai toujours été de plain-pied. C'est pour cela que la messe quotidienne représente le cœur de ma spiritualité. En suivant le Christ, on ne peut pas ne pas tourner son regard vers le Père. Et souvent mes prières commencent par cette évocation, Père. Mais l'Esprit ? Je me demande si je n'ai jamais véritablement prié l'Esprit Saint. Pour moi l'Esprit, c'est le Grand Discret. » L'Esprit n'est-il pas, en effet, le Grand Discret de la vie de notre Église latine ? Tel est le titre donné à cette deuxième conférence, *Le grand Discret*.

Louis Bouyer, l'un des plus grands théologiens du siècle passé, n'hésitait pas à écrire : « L'absence presque totale d'une élaboration théologique de la doctrine chrétienne du Saint-Esprit dans l'Église moderne est un fait trop patent pour qu'on puisse le contester. » Il ajoutait qu'il en allait de même chez les anglicans ou les protestants. Cette éclipse remonterait à la fin du Moyen Âge. Paul VI avait pourtant lancé un appel dans une audience générale du 6 juin 1973 : « À la christologie et spécialement à l'ecclésiologie du Concile, doivent succéder une étude nouvelle et un culte nouveau de l'Esprit Saint, précisément comme complément indispensable de l'enseignement du Concile. » Jean-Paul II tenta bien de répondre à cette attente avec son encyclique *Dominum et vivificantem*, en 1986, mais celle-ci tomba dans une pesante indifférence. L'Esprit-Saint reste encore aujourd'hui, hélas, le Grand Discret de notre Église latine, le Grand Absent peut-être.

La collecte de la fête de Pentecôte devrait nous aider à lever un coin du voile : « Dieu de puissance et de miséricorde, envoie vers nous ton Esprit Saint : qu'il trouve en chacun de nous sa demeure et nous transforme en temples de sa gloire. » Le rôle de l'Esprit est donc de construire, de fortifier et d'animer un temple.

Si l'on se réfère à saint Paul, le premier temple dans lequel œuvre la troisième personne divine n'est autre que le corps humain : « Le corps est pour le Seigneur [...]. Votre corps est un temple du Saint-Esprit [...]. Vous ne vous appartenez donc pas [...]. Glorifiez Dieu dans votre corps » (1 Co 6, 19-20). Ainsi, tout ce que nous faisons à notre corps, nous le faisons à Dieu lui-même. La morale catholique a donc souligné avec une force particulière notre rapport au corps, non point à cause de je ne sais quelle obsession de la pureté, mais parce que se joue avec lui notre rattachement direct au Dieu créateur. Cette insistance n'a pas manqué d'indisposer hier les hédonistes de toutes sortes et ceux qui ne voient aujourd'hui dans le corps qu'une matière neutre, sans signification repérable, modelable à volonté, jusque dans son identité sexuelle, alors que les fidèles de l'Incarnation affirment que notre chair est la même, exactement la même, que celle que le Verbe éternel trouva en sa mère, Notre Dame.

Le corps humain est un temple et ce temple est appelé à rayonner. En ce deuxième dimanche de Carême, la liturgie nous donne à entendre l'évangile de la Transfiguration, comme pour nous dire : le Christ va s'enfoncer dans sa passion ; au cours de cette voie douloureuse, il deviendra méconnaissable jusqu'à perdre toute apparence humaine ; mais dès maintenant, vous pouvez deviner sa vraie nature. Les yeux des disciples – et les nôtres avec eux – contemplent alors une métamorphose du visage qui resplendit comme le soleil (Mt 17, 2). Les vêtements deviennent d'une blancheur éblouissante. Le blanc n'est pas une couleur, mais au contraire l'absence de couleur et donc, à ce titre, le support de la lumière. Or, la beauté s'habille de lumière, elle rayonne. Tandis que la nuée couvre la scène de son ombre, signe de la présence de l'Esprit, une voix venue du ciel se fait entendre : « Celui-ci est mon Fils bien-aimé. Écoutez-le » (Mc 10, 7). La vue donc, mais aussi l'ouïe participent à cet enchantement. On comprend le trouble ou bien, plus simplement, l'enthousiasme des témoins qui veulent que ce moment s'éternise : « Il est bon que nous soyons ici », s'exclame Pierre : plantons des tentes ! Plongés dans une sorte d'ivresse, ils savaient bien ce qu'ils disaient, n'en déplaise au texte : la beauté comble au point que l'on souhaiterait arrêter le temps et prolonger à l'infini l'expérience enchanteresse. Impossible pourtant : la vision s'estompe et disparaît, avec l'interdiction de l'évoquer avant longtemps ; il faut redescendre dans la plaine pour renouer avec l'activité ordinaire.

Notons, en passant, parce que cela nous aidera dans les réflexions ultérieures, que ce moment de grâce ne s'est pas produit au milieu du train-train habituel. Les apôtres ont dû gravir une montagne et s'arracher ainsi à l'ordinaire des jours. Plus le sommet est élevé, plus longue se fait la préparation de la rencontre. Le cœur a besoin de s'habiller de désir et d'attente en prévision du face-à-face.

Selon la tradition orthodoxe, le moine commence à « écrire » des icônes avec cet épisode évangélique, comme si la Transfiguration devenait le portique d'entrée à la saisie du mystère du Christ. L'évangile de la beauté ! « Il se peut que la beauté naisse, écrit le poète Jacottet, quand la limite et l'illimité deviennent visibles en même temps, c'est-à-dire quand on voit des formes tout en devinant qu'elles ne disent pas tout [...]. Il n'y a pas de beauté, du moins pour nos yeux, dans l'insaisissable seul... » Le corps humain, à commencer par celui du Christ, est le premier support de la beauté.

Tel est le point où nous sommes parvenus au terme de cette deuxième conférence : lorsque le corps humain, ce temple primordial, est véritablement habité par l'Esprit, il rayonne de beauté. Lorsque ces corps humains se rassemblent dans la foi, ils forment à leur tour le Corps mystique du Christ, animé par l'Esprit. Pour se rendre visible, ce Corps a besoin de s'incarner en des temples de pierres qui représentent autant de demeures de l'Esprit. Et ces temples nous parlent de gloire et de transfiguration. Ils cherchent à nous donner, dans les liturgies qui y sont célébrées, comme un avant-goût de la vie éternelle. Ne visent-ils pas à nous plonger dans la même ivresse que celle qui poussait les disciples à vouloir planter des tentes ? Mieux encore, nos églises ne sont-elles pas ces tentes que, contrairement aux trois apôtres invités à gravir la montagne, les disciples du Christ réussirent à planter au long des siècles, selon les péripéties de la mission, dans toutes les contrées de la terre ? La beauté, croyait Stendhal, est la promesse d'un bonheur partagé.

Et si l'Esprit-Saint était l'Esprit de beauté, la beauté donnée à son Église ?

TROISIÈME CONFÉRENCE

PAR L'ŒIL DE LA COLOMBE

Il existe une diplomatie du livre, car les livres voyagent et parlent à ceux qui savent les écouter. En mars 2012, le pape Benoît XVI me fit appeler. Avant de me nommer Archiviste et Bibliothécaire de la Sainte Église Romaine, comme pour vaincre mes réticences, il me laissa deux confidences. « J'aurais souhaité occuper ce poste moi-même, commença-t-il par me dire, si mes frères cardinaux n'en avaient décidé autrement » ; puis, il ajouta : « Je vous confie les trésors de l'Église » (il avait dit joyaux, comme on parle des joyaux de la couronne). Le terme peut étonner : les vrais trésors de l'Église ne sont-ils pas les saints et les sacrements, à quoi le diacre Étienne ou Vincent de Paul auraient ajouté les pauvres ? Il est pourtant justifié, car le livre construit des ponts entre les personnes, entre les cultures et les peuples, là où tant de considérations politiques, philosophiques et parfois religieuses, édifieraient plutôt des barrières de suspicion ou de haine…

Les livres dont nous recevions ainsi la garde m'obligèrent ainsi à parcourir le monde, à organiser des expositions ou à préparer des accords internationaux, même avec des pays qui n'entretenaient pas de relations diplomatiques avec le Saint-Siège, comme la Chine communiste. Je dus me rendre souvent en Europe de l'Est : Russie, Bulgarie, Roumanie. En 2013, j'avais été invité par le gouvernement serbe, pour signer à Belgrade un accord entre la Bibliothèque apostolique et la Bibliothèque nationale de Serbie. Mes interlocuteurs racontèrent avec émotion comment les bombes allemandes de 1941 provoquèrent un feu long de sept jours et sept nuits qui réduisit en cendres le bâtiment et son contenu : qui s'en prend à une bibliothèque vise en réalité l'âme du peuple. Ils me demandèrent de rechercher chez nous ce qui leur aurait permis de reconstituer quelque chose du puzzle de leur mémoire disparue. La Vaticane est devenue ainsi, sans l'avoir recherché, une sorte de bibliothèque-mère pour de nombreux établissements martyrisés par l'Histoire, lui conférant même une mission œcuménique inattendue, lorsqu'il s'agit de nations orthodoxes.

Reçu par les patriarches, négociant avec les élites de ces Églises-sœurs, je constatais que nos conversations finissaient toujours par évoquer l'Histoire : hier, le sac de Constantinople par les croisés occidentaux, en 1204, resté aussi douloureusement présent dans la mémoire russe que le souvenir de la révolution de 1917 ; aujourd'hui, le défi lancé par la mondialisation, la sécularisation de nos sociétés libérales, la déchristianisation des masses, l'émigration musulmane… Nous parlions enfin de théologie.

La personnalité de Benoît XVI suscitait là-bas beaucoup de sympathie et de curiosité. Il ne serait guère difficile d'expliquer que l'un des fils conducteurs de ce pontificat trop bref était la recherche d'une *via pulchritudinis*, une spiritualité animée par la quête du beau. Cette perspective intéressait fort mes interlocuteurs ; ils la jugeaient profondément traditionnelle, familière même. « Pourquoi, me demandaient-ils, ne pas commencer par le commencement ? Pourquoi ne pas s'appuyer sur l'unique fondement, le principe des origines, la troisième personne de la Trinité révélée comme étant l'Esprit de Beauté ? » Et de me rappeler comment Maxime le Confesseur voyait dans le Royaume de Dieu la Beauté parfaite qui achevait et menait à sa perfection la beauté première de la création ; comment Évagre le Pontique, un grand spirituel du IVe siècle, identifiait le Royaume avec l'Esprit Saint ; comment, par conséquent, personne d'autre que lui ne pouvait représenter l'image du Seigneur. Dostoïevski avait lancé cette définition foudroyante : « L'Esprit Saint est la saisie directe de la beauté. » Il est l'Iconographe divin. C'est lui le doigt de Dieu qui écrit l'Icône de l'Être avec de la lumière incréée. Il reste caché, silencieux, mystérieux, puisqu'il ne parle pas de lui-même, selon l'évangile de Jean (Jn 16, 13) ; on dira que sa personne se dissimule dans son épiphanie même ; mais celui qui cherche à emprunter la voie étroite de la quête de la Beauté, et qui gravit un à un les degrés du mont de la Transfiguration, à l'instar des disciples de la semaine dernière, trouvera en ce pédagogue infaillible le sens de la création et le don de la joie éternelle.

Or, ce même dimanche, un évêque qui se préparait au passage final confessait que cet Esprit avait été le grand discret de sa vie. Il était tout autant le Grand Discret de notre Église latine, comme était devenu terriblement discret, hélas, le sacrement à lui étroitement lié, je veux dire la confirmation. Ce sacrement a souvent été confondu avec le baptême, alors qu'il en représente l'achèvement et la conclusion, source d'une efficacité plénière.

On m'a souvent demandé quels étaient les meilleurs souvenirs que je gardais de mon ministère épiscopal à Angers. Ils ont été nombreux, bien sûr, mais l'un d'entre eux l'emporte sur les autres : la célébration de la confirmation. Il fallait réagir contre une sorte de déclin qui plaçait ce sacrement, avec celui de la pénitence et réconciliation, sur la voie de la raréfaction, de l'extinction peut-être. Le droit canonique explique pourtant que ce sacrement imprime un caractère particulier : poursuivant leur initiation chrétienne, y est-il dit, les baptisés sont enrichis du don de l'Esprit Saint ; plus étroitement associés à la mission de l'Église, ils sont ainsi tenus plus strictement de témoigner de leur foi, en parole et en acte, et de la défendre (can. 879). C'est donc tout naturellement que le Code demande que les chrétiens reçoivent la confirmation avant la célébration du mariage ; mais il ajoute cette réserve inexplicable et pourtant significative : « si c'est possible sans grand inconvénient » (can. 1065 §1). Un grand inconvénient ? Un inconvénient à recevoir la plénitude des dons de l'Esprit ? De quelle espèce serait-il, cet inconvénient, pour justifier un tel évitement ? Parce que le contenu de la foi s'est dramatiquement aminci chez les plus jeunes, il a été sagement prévu que la célébration des épousailles soit précédée d'une préparation s'échelonnant sur plusieurs semaines, voire plusieurs mois. Pourquoi ne pas en profiter pour conférer la confirmation dans ce laps de temps ou, du moins, préparer ces couples à la recevoir ? En rétablissant l'obligation, il serait à craindre, bien sûr, que ne fléchisse le nombre de mariages ; mais ceux qui se refuseraient à la confirmation, on peut en faire le pari, seraient aussi les mêmes qui peineront à souscrire aux conditions du mariage chrétien...

Redonner à la confirmation tout son éclat : le diocèse d'Angers s'y employait avec force. Me reviennent alors en mémoire de grands moments, comme cette fête de la Pentecôte au cours de laquelle, tandis que le synode local parvenait à son terme, se présentèrent à l'évêque, sous un soleil printanier, en un même lieu, la vaste prairie d'une école catholique, dans une célébration unique pour le diocèse entier, le millier de confirmands qui s'y étaient préparés une année durant. Comme il était aisé de s'adresser à ces jeunes ! Transmettre, passer le relais, découvrir aux nouvelles générations les chemins de la foi... Parler du bonheur, de l'honneur d'être chrétien ! L'Église de France a bien raison d'administrer ce sacrement aux garçons et aux filles qui prennent leur avenir en charge ; il marque pour eux le seuil des grandes responsabilités. Certes, d'une manière ou d'une autre, tous les sacrements ouvrent une voie à la grâce divine, mais la confirmation reste le sacrement propre de Celui auquel est confiée l'Église. « Sois marqué de l'Esprit Saint, le don de Dieu », dit l'évêque qui fait sur le front du confirmand l'onction du saint chrême, cette huile parfumée conférant à celui qui en est imprégné le rayonnement de la force, de la santé, de l'éternité devenue proche… autant d'approches de la beauté.

On comprendra que la plénitude des dons ne transforme pas les confirmés en esthètes, au sens moderne de ce terme ; il n'y a ni magie, ni automatismes dans la pratique chrétienne. Toutefois, celui qui abrite l'Esprit au plus intime de lui-même et en fait son compagnon de route, avec ce que cela implique de réflexion, puisqu'il s'agit de l'Esprit de science, de prière et de ferveur sacramentelle, puisque l'Esprit confère une inclination à la piété et à l'adoration, celui-ci donc acquiert avec lui une familiarité qui donnera sens à son existence. Voir avec l'Esprit de beauté, voir comme Lui, confondre son propre regard avec le sien. Grégoire de Nysse incitait à « regarder par l'œil de la Colombe », qui donne son titre à la présente conférence. Une phrase de Maître Eckhart ne laisse pas de nous interroger, comme elle intrigua Hegel : « L'œil par lequel je vois Dieu est l'œil par lequel Dieu me voit. » Elle illustre cette tradition spirituelle, née aux premiers siècles, qui invite l'homme à hisser son regard jusqu'à celui de Dieu pour regarder le monde tel que lui-même le saisit. Dans sa lettre aux artistes, datant du 4 avril 1999, Jean-Paul II citait Macaire d'Égypte, un disciple de saint Antoine, au IVe siècle : « L'âme qui a été pleinement illuminée par la beauté indicible de la gloire lumineuse du visage du Christ, est remplie de l'Esprit Saint [...], elle n'est qu'œil, que lumière, que visage. »

Or, le premier regard que porte la Colombe est celui de l'émerveillement. Lorsque l'Église s'apprête à célébrer un évènement d'importance, lorsqu'une communauté religieuse se réunit pour élire ses supérieurs ou bien, plus prosaïquement, lorsque le fidèle ouvre sa journée par une oraison, c'est toujours le *Veni creator* qui vole sur les lèvres pour éveiller l'action de grâces :

> Viens, Esprit Créateur
> visite l'âme de tes fidèles
> emplis de la grâce d'En-Haut
> les cœurs que tu as créés.

L'hymne du commencement renvoie ainsi au début absolu, à l'aurore des temps. L'Esprit – le souffle de Dieu – planait sur l'univers informe, dit la Genèse (Gn 1, 2), et tournoyait sur les eaux matricielles. Le premier regard de la Colombe portait donc sur la création, tandis que suscitait son admiration chaque élément apparaissant sur la scène du monde. La langue grecque, en son génie, avait forgé un terme unique, *kalokagathia*, « bel et bon », qui faisait du beau et du bien, deux termes issus d'une même racine indo-européenne, les deux versants d'une même réalité : c'est cette expression que choisit la Septante. « Dieu vit que cela était bon », retiennent malheureusement les traductions du moment qui amputent ainsi de sa moitié la portée du texte sacré. La lumière était belle et pas seulement bonne aux yeux de Dieu, le ciel était beau, la terre, les arbres et les plantes, les animaux de toute espèce éblouissaient l'Esprit créateur, son enthousiasme culminant avec le dernier acte. Les anges eux-mêmes n'en revenaient pas quand ils considérèrent l'ultime créature, la plus inattendue peut-être, en tout cas la plus sophistiquée, la plus proche de son modèle, l'homme : à peine moindre qu'un dieu, chantaient les psaumes, « couronné de gloire et de splendeur » (Ps 8, 6), appelé à commander à l'univers entier en soumettant tout à son ingéniosité et a sa maîtrise.

« C'est beau ! » : la parole de Dieu s'est faite humaine. Un essayiste contemporain fait justement remarquer que, lorsque nous disons « C'est bien ! », nous faisons appel à un critère moral ; quand nous disons « C'est bon ! », nous utilisons un critère moral, voire sensuel ; quand nous disons « C'est vrai ! », le critère devient rationnel ; mais avec « C'est beau ! », il n'y a plus de critère du tout. Alors que les critères de toutes sortes sont frappés de suspicion et risquent de s'affadir, laissant nos sociétés victimes de ce que Benoît XVI nommait la « dictature du relativisme », la beauté représente l'ultime refuge, à moins qu'elle ne soit « l'arme de résistance massive » à l'indifférentisme ambiant. « Fréquentez la beauté le plus possible, conseille le même jeune philosophe, multipliez les expériences esthétiques, les occasions d'éprouver la morsure délicieuse de ce pur élan vers les autres, vers tous les autres, vers l'universel. » Ainsi, la beauté n'est pas une explication, mais une exclamation. Elle désigne une émotion qui ne dure pas, mais nous comble parfaitement et ressemble à quelque chose d'éternel. Elle apaise et dynamise, rend l'existence plus intense et plus ouverte. Elle est ce « moment où la raison se met à voir » (Charles Pépin). Elle porte en elle, sous forme de nostalgie, la trace d'un paradis perdu, mais elle aiguise l'espérance et la pousse à aspirer après l'infini, dans l'attente d'une mystérieuse plénitude. « Il est des beautés pleines d'une lumineuse douceur, écrit François Cheng, qui, soudain, par-dessus ténèbres et souffrance, nous remuent les entrailles... ». C'est pourquoi nous avons tant besoin de la beauté.

« Il y a le ciel, il y a la terre », disions-nous la semaine dernière. Au ciel se livrent de terribles batailles : « [...] dans le ciel, Michel et ses anges, est-il écrit dans le livre de l'Apocalypse, combattirent contre le dragon. Et le dragon, lui aussi, combattait avec ses anges, mais il n'eut pas le dessus [...]. Le grand Dragon, celui qu'on nomme Diable ou Satan, le séducteur du monde entier, fut précipité sur la terre » (Ap 7-9). Dieu n'est pas le seul à s'habiller de beauté, le mal l'imite et rend la beauté ambiguë, sinon fatale. Le prophète Isaïe s'en étonnait : « Et toi, Lucifer, comment es-tu tombé du ciel ? Toi qui t'élevais à chaque aurore plein de beauté, tu as été précipité à terre, alors que tu étais le vainqueur des nations » (Is 14, 12, trad. Vulgate). Ézéchiel avançait cette explication : « Ton cœur s'est enorgueilli à cause de ta beauté. Tu as corrompu ta sagesse à cause de ton éclat. Tu as été jeté à terre » (Ez 28, 17). Pourquoi lui ? Le fait est là : Lucifer, le porte-lumière était le plus beau des anges ; il se rebella pourtant contre Dieu et entraîna dans sa chute une foule d'autres anges... La beauté est ainsi devenue l'objet d'une lutte qui dépasse les seules forces humaines ; elle s'est faite séduction. Si la vérité est toujours belle, la beauté, elle, n'est pas toujours vraie. Le mal est pris dans les liens de la beauté, comme un captif couvert de chaînes d'or : ces liens le cachent et rendent sa réalité invisible aux yeux des hommes (Plotin).

L'éternel combat contre le mal n'altère en rien la jubilation divine, parce que l'Esprit finit toujours par l'emporter, et cette jubilation ouvre deux voies à notre existence. Nommons la première contemplation poétique. L'homme n'en revient pas de la splendeur de l'univers et se prend à la chanter sur tous les modes. Il ne serait guère difficile de montrer comment la tradition chrétienne s'est magnifiquement acquittée de cette action de grâces, avec Lactance, François d'Assise, Dante, Jean de la Croix, Hopkins ou encore les tapisseries de Jean Lurçat et de Dom Robert. Toutefois, une religion de l'Incarnation se devait de faire du « paysage » un simple cadre, une mise en valeur pour la seule créature faite à l'image de Dieu et voulue pour elle-même ; l'univers n'est que le jardin de l'âme. « Votre âme est un paysage choisi... », chantera Verlaine. Ce n'est qu'avec le romantisme de la fin du XVIIIe siècle, alors que la patine chrétienne commence à se craqueler, que la nature devient le sujet principal, sinon exclusif, de la création artistique. On passera ainsi du portrait d'un Titien ou d'un Van Dyck au coucher du soleil sur la montagne Sainte-Victoire, de Cézanne...

Un romantique pourtant, Alfred de Musset, annonce la seconde voie :

> Or, la beauté, c'est tout, Platon l'a dit lui-même :
> La beauté sur la terre est la chose suprême
> C'est pour nous la montrer qu'est faite la clarté.

L'idée est forte : si l'Esprit divin regarde d'en-haut la création croître et se développer, ne serait-il pas possible d'imaginer une démarche inverse ? Les philosophes et les mystiques ont ainsi conçu la voie de la beauté comme une ascension. On hésite à citer ces textes les plus célèbres de la littérature occidentale, les plus rabâchés aussi ; mais comment faire, puisqu'ils représentent le socle, le point de départ obligé de toute méditation – je devrais dire de toute théologie chrétienne – sur la beauté ? Dans *Le Banquet*, Platon conseille de « partir des beautés de ce monde [...], de s'élever continuellement, en usant d'échelons, passant d'un seul beau corps [...] aux belles occupations, ensuite des occupations aux belles sciences, jusqu'à ce [...] qu'on parvienne [...] à la beauté finale, la beauté belle en soi » (211c). Son lointain disciple, Plotin, donnera à la voie ascendante une forme quasiment parfaite qui passera, telle quelle, dans la tradition chrétienne. On la retrouvera chez le Pseudo-Denys dont le gothique s'inspirera dans sa recherche d'une « lumière au-delà de toute lumière ». La beauté est liée à l'amour, assure Plotin. Dans son *Traité*, il distingue trois étapes de la montée de l'âme vers le Bien : l'âme commence par reconnaître la beauté des choses sensibles ; elle s'élève vers le monde des formes-esprit et cherche l'origine de leur beauté ; enfin, elle atteint le Bien qui est Beauté Sans-Forme au-dessus de la beauté formelle. Des siècles plus tard, Proust écrira : « La beauté ne doit pas être aimée pour elle-même, car elle est le fruit de la collaboration entre l'amour des choses et la pensée religieuse. »

Sur le panneau de bois où Memling évoque *Les Sept joies de Marie*, la Colombe est représentée à deux reprises, a-t-il été déjà dit : sur la partie supérieure, à gauche, lorsque l'ange annonce à la toute jeune fille que l'Esprit la couvrira de son ombre et qu'elle enfantera le Fils du Très-Haut ; puis, en bas et à droite, comme nous l'évoquions dimanche dernier, pour la Pentecôte. Or, en ces deux occasions, que voit-elle ? Un temple : le temple du corps de la Vierge qui va porter celui que l'univers ne saurait contenir, et le temple de l'Église appelée à devenir le témoin du salut apporté à tous. La confirmation s'inscrit dans cette même perspective qui s'ouvre par la même prière que celle de la Pentecôte, déjà citée : « Dieu de puissance et de miséricorde, envoie vers nous ton Esprit Saint : qu'il trouve en chacun de nous sa demeure et nous transforme en temples de sa gloire. » Dans son épître aux Éphésiens, saint Paul avait rappelé déjà que les chrétiens n'étaient plus des étrangers, ni des gens de passage. Devenus les concitoyens des saints, ils appartenaient désormais à la famille de Dieu et participaient, à ce titre, à l'harmonieuse construction du temple saint dans le Seigneur (Ep 2, 19-22).

Temples ! Temple des communautés, l'Église, et temple de chaque croyant, appelé à rayonner par sa parole, ses actes et dans son corps même, la gloire de Dieu. Temples de chair et temples de pierres. Temples placés sous le patronage de Notre-Dame. Tous animés du même Esprit de beauté !

C'est que, depuis les temps les plus anciens, le temple est associé à la beauté. Après des refus successifs, le Seigneur avait fini par se rendre aux raisons de son serviteur, le roi David : il avait consenti à se laisser construire un temple et à l'habiter de sa sainteté. Tout Israël rivalisa de splendeur. On convoqua les meilleurs architectes qui imaginèrent les proportions les plus harmonieuses. On embaucha les artisans les plus habiles et fit venir les matériaux les plus nobles. « Salomon, dit le texte, en revêtit l'intérieur d'or pur. Quant à la grande salle, il la plaqua en bois de genévrier qu'il recouvrit d'un bel or, en y dessinant des palmes et des guirlandes. Il la sertit de pierres précieuses éclatantes ; l'or était de l'or de Parvayim, il en recouvrit la salle, les poutres, les seuils, les parois et les portes, et grava ensuite des chérubins sur les murs » (2 Ch 3, 4-6). En écoutant ces descriptions lyriques, on comprend que la beauté est un hommage rendu par l'homme à la sainteté de Dieu. Celui-ci en rappelle d'ailleurs la signification : « J'habiterai au milieu de vous si vous marchez selon mes lois, si vous accomplissez mes ordonnances et si vous suivez fidèlement mes commandements » (1 R 6, 12). Dieu lui-même lie la beauté des formes au bien de la vie morale, et il ne servirait à rien de bâtir le plus magnifique des temples si les fidèles n'y observaient la loi divine. La beauté devient ainsi une sorte d'aide-mémoire : elle nous rappelle la perfection de Dieu, mais encore cette perfection vers laquelle nous devons tendre de toutes nos forces : que la splendeur divine se reflète en chacun de nos actes, que sa « gloire », pour reprendre un terme habituel de la Bible, éclate en chaque créature façonnée à son image.

Le Seigneur condescend à ce que soit érigé un temple pour l'honorer, mais lui-même refuse de se laisser représenter. La loi de l'Ancien Testament l'interdit de manière explicite : « Maudit soit l'homme qui fait une idole sculptée ou fondue, une œuvre faite de mains d'artisan. C'est une abomination pour le Seigneur » (Dt 27, 15). Et encore : « Tu ne feras aucune image sculptée, rien qui ressemble à ce qui est dans les cieux, là-haut, ou sur la terre, ici-bas, ou dans les eaux, au-dessous de la terre » (Ex 20, 4). Les lectures proposées pour ce troisième dimanche de carême rapportent la stupeur d'un Moïse devant un buisson qui brûlait sans se consumer. L'espace devient sacré, comme sera sacré celui de tous les temples à venir : « N'approche pas d'ici ! Retire tes sandales, car le lieu que foulent tes pieds est une terre sainte… » (Ex 3, 5). Et lorsque Moïse cherche à s'abriter derrière un nom, afin de justifier la mission qui lui est confiée, il s'attire cette réponse en forme de mystère : « Je suis celui qui est » (Ex 3, 14).

Il faudra attendre l'incarnation du Verbe pour que soit levé l'interdit, et la transfiguration, pour que l'Esprit révèle dans le corps du Fils la beauté absolue qu'aucun art ne saurait rendre de manière significative, où se joignent le charnel et le spirituel, l'humain et le divin, le plus sensible et l'inaccessible transcendance.

QUATRIÈME CONFÉRENCE

LE CONSEILLER MERVEILLEUX

On devrait toujours se méfier des journalistes. Avec la plus grande civilité du monde, ils vous posent des questions fort insidieuses. Ils vous laissent entendre que vous êtes leur invité ; en réalité, vous êtes devenu pour eux comme une proie dont il s'agit de tirer le plus étonnant, voire des motifs de polémique. Visant les tripes plutôt que l'esprit et taillant ici et là dans les propos que vous avez effectivement tenus, ils en arrivent parfois à vous faire dire des choses étranges, et même le contraire de ce que vous aviez voulu exprimer. Je n'ai jamais été ce que l'on appelle aujourd'hui un « communiquant » : là où l'on attend un message clair, des mots simples et des images percutantes, le professeur s'attarde à vouloir expliquer et faire comprendre. Or, les médias sont pressés, leurs circuits sont courts. Le micro n'est pas la chaire. Il en résulte quelquefois d'amères expériences…

J'avais pourtant accepté de me rendre à Lausanne et de me faire mettre à la question. Le journaliste était sympathique ; il voulait brosser un portrait, assurait-il. La première demande alla droit à l'essentiel : « Qu'est-ce qui vous fait vivre ? » La réponse sortit comme une balle, sans aucune préméditation de ma part : « La beauté. Aussi loin qu'il m'en souvienne, je l'ai toujours recherchée. Elle a nourri mes goûts, mes passions, mes études et jusqu'à mon enseignement. D'une certaine manière, je n'ai pas choisi la beauté ; c'est elle qui a déroulé le fil de mon existence. » J'aurais pu dire aussi avec l'ancien conservateur du Louvre qui avait fait de son service une sorte de sacerdoce : « Je ne savais pas ce qu'était la beauté. Mais déjà je vivais d'elle. Je ne sais toujours pas ce qu'est la beauté. Et toujours je vis d'elle » (Dominique Ponnau).

Un jeune philosophe s'est livré, il y a peu, à une confession similaire : « Devenu professeur [...], écrit-il, le sujet de la beauté s'est peu à peu imposé, sans que je le choisisse vraiment, comme le thème principal de mes conférences : Pourquoi la beauté nous fascine-t-elle ? [...] La beauté est-elle la promesse du bonheur ? Quelle beauté dans la foi ? dans l'entreprise ? dans l'amour ? [...] Partout (auprès des publics abordés) la beauté guérissait, ou du moins semblait promettre une guérison, un salut, une “sortie” : une échappatoire au malaise ou à la souffrance, au réalisme ou au rationalisme étriqués, à l'ironie amère ou au défaut d'estime de soi » (Charles Pépin).

Le journaliste marqua sa surprise : « Ne trouvez-vous pas que c'est là une position facile ? On pourrait même qualifier cette attitude d'inconvenante et de trop légère, surtout chez un religieux, alors que tant de misères, tant de violences, de catastrophes naturelles ou écologiques nourrissent notre quotidien… Peut-il y avoir de la beauté quand le mal et la mort nous maintiennent sous leur emprise ? » Il me semblait, il me semble encore aujourd'hui plus que jamais, alors que je m'achemine vers le terme du voyage, que le mal et la beauté constituent les deux bouts d'une même chaîne, celle de notre existence, mais encore celle de la mission de notre Église.

Depuis ses origines jusqu'à nos jours, le christianisme ne cesse de se poser la même question : comment donner à saisir le contenu de la foi ? Car, réduit à son épure, le message évangélique souffre d'une terrible sécheresse. Qu'un Dieu s'incarne en un homme dont l'Histoire ne retient pas grand-chose, qu'une jeune femme conserve sa virginité après l'accouchement d'un enfant, que les aveugles recouvrent la vue, que les sourds se mettent à entendre, que les estropiés se redressent, que soient proclamés bienheureux les pauvres, les doux et les martyrs, qu'un condamné subisse les plus cruels supplices, et que son sacrifice sur une croix prétende obtenir le salut de tous les hommes, que lui-même ressuscite au troisième jour de sa mise au tombeau, qu'il apparaisse à ses disciples dans un état indéfinissable, puisqu'on ne le reconnaît pas, mais on devine pourtant que c'est bien lui, qu'il disparaisse de manière définitive aux yeux des siens et qu'enfin son Église le proclame vrai Dieu et vrai homme : cela ne heurte-t-il pas tout le bon sens du monde ?

Expliquer, justifier, rendre compte : depuis deux mille ans, la mission de l'Église n'a pas varié. En réalité, les voies ne sont guère nombreuses. Lacordaire, mon lointain prédécesseur en cette chaire prestigieuse, n'en voyait que deux : « La vérité, disait-il, s'arrête à l'intelligence, la beauté pénètre jusqu'au cœur. Elle est, dans tous les êtres doués de connaissance et de sentiments, le premier mobile qui leur donne l'impulsion. » Le cœur et la raison donc, la démonstration et l'exaltation.

Il n'est pas nécessaire d'insister sur ce que l'École de Francfort a appelé « l'éclipse de la raison ». On intente à la raison un procès sans fin. On la juge incapable de fonder les principes dont nous avons besoin pour conduire notre existence ; on se méfie des philosophies dont elle se réclame ; on récuse sa prétention à parvenir à un ordre des vérités. La physique, bien sûr, et avec elle toutes les sciences « dures », sont parvenues au zénith des croyances du moment, mais point de métaphysique, point d'ontologie, point de théologie dont les prétentions sont reléguées au rayon des vieilles lunes. L'accusation vient de loin, puisque déjà au XVIIe siècle, Pascal s'en moquait : « La raison a beau crier, elle ne peut mettre le prix aux choses. » Les attaques se sont faites plus féroces à notre époque qui l'accuse d'avoir conduit aux pires catastrophes, aux massacres planifiés, à Auschwitz.

Une émission de télévision, par ailleurs bien faite, s'attachait, l'été dernier, à faire découvrir les charmes de la Haute-Garonne. Le sujet m'avait piqué : n'avais-je pas vécu plus de vingt-cinq ans dans cette région ? La retransmission s'ouvrait sur la visite des Jacobins de Toulouse, s'interrogeait sur l'origine des doubles nefs, propres aux églises dominicaines, saluait l'éclat des vitraux, pourtant quelconques, s'extasiait sur la complexité et la prouesse technique du fameux pilier à douze branches, mais « oubliait » de mentionner, ne serait-ce qu'en passant, que sous l'autel de cette même église gisaient les reliques d'un des plus grands penseurs du Moyen Âge, un des pères de l'humanisme occidental, un témoin majeur du dialogue entre la foi et la raison, un docteur commun de l'Église catholique, Thomas d'Aquin. Pas un regard, pas un mot, l'anecdote au détriment de l'essentiel, voilà le point où nous sommes parvenus : aveuglement du manque de culture, à moins que ce ne soit le fruit des idéologies à la mode...

Il resterait à se demander ce que devient la démocratie dans une société où la pensée est suspectée, victime de la « dérive émotionnelle », quand l'affirmation remplace la démonstration, la protestation l'argument, et le sectarisme la négociation. « L'époque actuelle, a-t-on observé, opère une dangereuse dérive quand elle isole l'émotion, cette composante irrationnelle, et se laisse emporter par elle. Ainsi, nous surfons sur des océans de niaiseries qui nous offrent une illusion de vérité... » (Jean Romain)

Pourquoi ne pas emprunter dès lors la seconde voie ? À l'époque de la confusion des valeurs, la beauté reste sans doute un autre chemin, l'ultime peut-être, menant à une vie pleine et joyeuse avec, ici et là, des instantanés de bonheur. Les objections, certes, ne manqueront pas de se lever en masse ; ce sont le plus souvent de simples préjugés mal approfondis. « [...] il est plus avantageux, je le sais, avançait un académicien d'origine chinoise, de se montrer railleur, cynique, sarcastique, désabusé ou encore désinvolte » (François Cheng) et d'affirmer que la beauté n'est pas nécessaire. Elle ne l'est pas, en effet, car elle relève de l'être et non pas de l'avoir. Et c'est au titre de l'être qu'elle se fait insistante, pénétrante, omniprésente, tout en donnant l'impression – suprême élégance – d'être superflue. Pourtant, les témoignages abondent, il suffit de regarder autour de soi : la beauté réveille, la beauté délivre, elle inquiète, mais de manière stimulante, elle apaise enfin. « C'est beau ! », et nous voilà lancés dans le plus mystérieux des voyages, celui qui part à la découverte de la foi, du monde et peut-être d'abord de notre propre cœur, puisque, selon Lacordaire, la beauté était ce premier mobile qui pénétrerait jusqu'à lui.

Voilà ce que, maladroitement sans doute, je tentais d'expliquer à mon journaliste. Il me fit remarquer qu'une société matérialiste dans laquelle le réflexe consumériste l'emportait sur les autres rendait la tâche ardue. Je lui répondis qu'elle n'était pas moins ingrate à l'intérieur de l'Église. Dans son ouvrage majeur *La gloire et la croix*, Hans Urs von Balthasar multipliait regrets et précautions. Il se proposait de développer la théologie chrétienne à la lumière du troisième transcendantal, autrement dit de compléter la considération du vrai et du bon par celle du beau. En renonçant à cette approche traditionnelle qui avait si fortement marqué la théologie, s'interrogeait le maître de Bâle, la pensée chrétienne ne s'était-elle terriblement appauvrie ? « Beauté, c'est la dernière aventure où la raison raisonnante puisse se risquer, écrivait-il, parce que la beauté ne fait que cerner d'un éclat impalpable le double visage du vrai et du bien [...] ; beauté désintéressée sans laquelle le monde ancien refusait de se concevoir, mais qui, insensiblement, a pris congé du monde intéressé d'aujourd'hui, pour l'abandonner à sa cupidité et à sa tristesse. Beauté que même la religion n'aime et ne choie plus et qui pourtant, ôtée comme un masque de son visage, met à nu des traits qui menacent de devenir incompréhensibles aux hommes. »

Peut-on ramener le christianisme sur une voie si longtemps délaissée ? Et comment le faire ?

Il fut une époque, point trop éloignée du nôtre, rappelez-vous, où la moindre saillie du cardinal Lustiger donnait matière à de multiples commentaires médiatiques. Ce temps n'est plus. L'an dernier, les représentants de l'Église de France avaient émis les plus fortes réserves envers le projet de loi relatif aux « séparatismes », car le texte trahissait, en effet, l'esprit de la loi de 1905 et plaçait les religions sous un redoutable, un insoutenable contrôle administratif. Qui en a parlé ? La matière était d'importance et pourtant ces objections ne trouvèrent pratiquement aucun écho dans l'opinion. De graves questions de bioéthique se posent à notre société. L'épiscopat français a cru nécessaire de participer au débat en publiant un document fort sérieux, fruit d'une laborieuse recherche de plusieurs années. Qui a pris la peine de le mentionner ? Tout se passe, hélas, comme si l'Église était devenue sans voix sur la place publique, ce lieu pourtant indispensable à sa prédication depuis les interventions de Paul à l'Acropole d'Athènes. Tout se passe donc comme si l'Église de France avait été renvoyée aux marges, à l'insignifiance, aux périphéries...

Or, l'architecture dit l'inverse. L'architecture dit que l'Église, dans ses sanctuaires, reste au centre. Elle reste au centre de nos villages regroupés pour la plupart autour d'un clocher arrimé au ciel. Elle reste présente dans nos cités historiques, au point que le curieux cherchera d'abord à la découvrir, avant de visiter les autres centres d'intérêt. Elle reste au centre même de notre capitale, puisque le système de kilométrage de tout le pays prend sa source sur le parvis de Notre-Dame.

Si le message de l'Église ne parvient plus guère à toucher l'opinion d'une société sécularisée, n'est-il pas légitime d'avancer que les pierres pourraient devenir les points d'ancrage d'une nouvelle évangélisation ? Les évêques du siècle dernier l'avaient compris qui, après le gigantesque effort de remise en état des 4 000 églises endommagées pendant la guerre (rappelez-vous Notre-Dame de Rouen écrasée sous un tapis de bombes en 1944 !), lancèrent de vastes chantiers de construction dans les nouveaux quartiers et les villes nées de l'urbanisation spontanée. Mgr Verdier créa les « Chantiers du cardinal » en 1931 ; les diocèses suivirent. L'époque était favorable : tandis que le béton armé révolutionnait les techniques, une nouvelle esthétique se proposait de combattre les fadeurs des productions industrielles et de l'art dit saint-sulpicien, d'en finir, pour le dire en un mot, avec le genre « sacristie ». Des groupes d'artistes, tels que Maurice Denis, Philippe Desvallières ou Maurice Storez, cherchèrent à créer alors un art chrétien retrempé et à fournir aux églises « des œuvres religieuses d'un caractère à la fois esthétique, traditionnel – ils ne cachaient pas leur inspiration néothomiste – et moderne » (Isabelle Saint-Martin). Leur quête de la vérité et leur « refus du mensonge » les poussèrent à rechercher l'authenticité des matériaux et le rejet du faux, du trucage, de l'illusion. Abolissant la distinction entre les arts majeurs et les arts mineurs, ils souhaitaient que tous pussent participer à l'esprit du sanctuaire, du vitrail à la ferronnerie d'art ou à la paramentique, à la beauté donc.

De tout temps, les pierres ont exalté la religion de l'Incarnation. Leur message se fait plus urgent de nos jours. « Il y a des prêtres de ma génération qui auront des comptes à régler lorsqu'ils arriveront là-haut… » : le cardinal Lustiger réagissait ainsi au refus exprimé par des prêtres d'une ville nouvelle d'ouvrir les procédures requises pour la construction d'une église. La décision d'édifier un lieu spécifique pour rassembler l'*Ecclesia* locale et pour célébrer l'eucharistie ne leur semblait reposer ni sur une urgence pastorale, ni sur des fondements théologiques solides. En réalité, expliquait le cardinal, « le temple est le sanctuaire de la demeure, le lieu où Dieu se donne non pas à voir – car nul ne peut Le voir –, non pas à saisir – car nul ne peut Le saisir –, mais se donne comme [cette] source de sainteté qu'Ézéchiel prophétisera dans la vision du fleuve d'eau vive (Ez 36, 25) ». On devine alors le terrible message laissé à la société lorsque, par manque de moyens, les diocèses se trouvent condamnés à détruire de nouvelles églises. J'ai vécu ce drame dans mon propre diocèse où la dernière église construite fut aussi la première à laisser place à un centre commercial…

Voici donc une église. Elle est sans doute un lieu de rassemblement, mais elle est loin de n'être que cela. Pour l'avoir oublié, des architectes sans culture liturgique, mais qui se vantaient, pour citer l'un d'eux, de « montrer aux catholiques comment on construit une église », ont réalisé des théâtres, des salles de spectacle, des « agora » où l'assistance s'auto-célèbre, quand ce ne sont pas de magnifiques salles de marché couvert... L'église est le lieu de la prédication et de l'enseignement, ce qui suppose que tous les soins soient apportés à l'acoustique. Elle est le lieu de la prière, du culte, du sacrifice, du mystère : elle favorise les voies de l'intériorité. Elle chante la gloire de Dieu. Elle manifeste la piété de tout un peuple. Le symbolisme de ses lignes et de son plan, l'harmonie de son mobilier et le caractère évocateur, sinon instructif, des œuvres d'art qui y ont été disposées font d'elle ce qu'Émile Mâle nommait, par analogie avec les imprimeurs du XVe siècle, la *Bible des Pauvres*. En ce lieu enfin, la Porte du Ciel s'entrouvre : la musique et le chant rejoignent les cantiques des anges.

L'architecture devient alors chemin de conversion. Veut-on un exemple ? Le 16 octobre 1834, un incendie énorme détruisit l'antique palais de Westminster, à Londres. On demanda à un certain Augustus Welby Northmore Pugin de construire la fameuse tour du Big Ben, symbole de la ville et de l'empire britannique. Alors qu'il avait reçu une éducation protestante des plus strictes, il s'était converti au catholicisme en étudiant l'architecture gothique de l'église Saint-Laurent, à Nuremberg.

« J'ai appris les vérités de l'Église catholique, écrivait-il, dans les cryptes des vieilles églises et dans les cathédrales de l'Europe. » L'église est cette maison où tous les fils prodigues de la terre, comme l'illustre l'évangile de ce dimanche, si du moins ils acceptent d'y retourner, peuvent goûter la douceur de la miséricorde paternelle.

« Que l'Esprit Saint fasse de nous une éternelle offrande à ta gloire... » Ces paroles de la troisième prière eucharistique rappellent que l'Esprit seul est capable de faire de l'assemblée une offrande nouvelle et un sacrifice pérenne. Ainsi, cet esprit de la liturgie que les théologiens modernes, comme Bouyer, Balthasar ou Ratzinger, ont constamment interrogé, n'est pas autre chose, en réalité, que la liturgie de l'Esprit, la liturgie de celui qui s'est présenté à nous, dimanche dernier, comme étant l'Esprit de beauté. Si l'Esprit anime le temple, il ne manque pas, il ne peut manquer d'y faire éclater sa beauté.

Que c'est beau ! Les Grecs auraient soupiré : « C'est divin ! », car ils avaient compris que la beauté avait toujours, d'une manière ou d'une autre, partie liée avec le sacré. Celui que l'hymne du *Veni creator* appelle le Conseiller merveilleux venant du Dieu très-Haut est le mieux à même de nous faire les honneurs de sa maison. Son souffle devient notre souffle. À un groupe d'enfants, j'avais demandé jadis ce qui dans une église rendait compte de la présence du Christ ; ils avaient répondu aisément : la croix, le tabernacle, l'autel du sacrifice, « vous-même » qui célébrez, l'assistance... Mais à la question : « Et la présence de l'Esprit ? », après un long silence, une petite fille se hasarda à répondre : l'espace. Bienheureuse perception ! Que ce soit dans la majesté d'une cathédrale, comme Notre-Dame, ou dans l'humilité d'une chapelle de campagne, l'espace d'une église nous saisit et nous intime cet ordre : « Change ta vie ! » La liturgie orientale invite à déposer là tout souci du monde. Nous foulons une terre sainte. Nous avions cru entrer dans une église et c'est en réalité l'Église qui entrait dans nos vies. Déjà nous respirons ce que saint Paul appelait les « choses d'en-haut » (Col 3, 1) et déjà notre âme résonne d'un appel à vivre mieux, à croire en la paix, à nous réconcilier avec Dieu et avec le frère. Ne peut-on parler de conversion ?... « Lave ce qui est sordide, arrose ce qui est aride, guéris ce qui est blessé, [...] redresse ce qui est dévié », implore-t-on dans le *Veni sancte Spiritus*.

« Il faut apprendre à voir », répétait le peintre Ingres. Mais comment voir si nos yeux restent plongés dans l'obscurité de l'ignorance ? Aussi l'Esprit de beauté se présente-t-il comme une bienheureuse lumière destinée à éclairer nos cœurs : « Allume en nous ta lumière et emplis d'amour nos cœurs », chante encore le *Veni creator*. C'est pourquoi le vitrail joue un rôle central dans une église qui met en scène la dynamique du salut en évoquant le rayonnement des saints. Un article furieux, paru dans une revue régionale, s'en était pris au roi Louis IX pour le rôle qu'il aurait joué dans l'oppression de nos ancêtres méridionaux ; il portait comme titre : « Une figure de vitrail ». L'expression était évidemment dépréciative ; elle ne manquait pourtant pas d'intérêt. Quel est le propre du vitrail, en effet ? C'est une fenêtre par laquelle entre le jour, mais pour celui qui se trouve à l'intérieur de l'édifice, la figure du vitrail ne réfléchit pas la clarté de n'importe quelle manière : elle devient à son tour une source de lumière coloriée, imagée, instructive. Le vitrail est tout entier exposé aux rayons du soleil, comme le saint représenté est tout entier exposé à la grâce divine qui pénètre son être entier, corps, esprit et âme.

À l'époque moderne, au plateau d'Assy, à Vence, Audincourt ou Ronchamp, ou, plus près de nous, au prieuré de Ganagobie avec Kim en Joong, le vitrail est devenu abstrait, mais le message ne change guère, malgré les apparences. L'épaisseur de la matière et la puissance des couleurs mises à vif, expliquait Henri Guérin, invitent à l'exultation mystique, à moins que les grisailles réinventées de Philippe Favier et de Gérard Lardeur, ou encore les délicates nuances du blanc de Pierre Soulages, comme à Conques, ne veuillent rendre compte des subtilités des échanges entre l'intérieur et l'extérieur, entre la foi et le monde. Toutefois, entrer dans un sanctuaire pour y admirer un vitrail réputé fameux, ou une œuvre d'art considérée pour elle-même, revient à trahir la destination du lieu. L'art pénètre dans l'Église, non pour témoigner de la beauté, mais pour soutenir l'annonce de l'Évangile. L'image prêche. Le concile de Trente, dans son « décret sur les saintes images » (2 décembre 1563), précise que les objets sacrés peuvent faire l'objet d'une vénération légitime de la part des fidèles s'ils représentent les mystères de la rédemption. Ceux qui les touchent, les changent de place, les transportent en procession, en reçoivent une protection assurée, mais ils ont alors le devoir de se comporter désormais selon le bien. Ces objets sont sacrés parce qu'en dépendent la vie et la mort des corps et des âmes. D'art, il n'est nullement question dans le décret conciliaire.

À l'inverse, ce que l'on désigne sous l'expression technique d'*art contemporain* qui est pourtant loin de rassembler tout le génie des artistes de ce temps, cherche à contrarier l'espace sacré et à déconstruire le message de foi, ne devrait pas trouver de place dans une église, malgré parfois les déterminations de la puissance publique, propriétaire des lieux, ce que le regretté Marc Fumaroli appelait « L'État culturel ».

Enfin, si l'Esprit Saint a reçu la mission de nous faire entrer pas à pas dans le mystère du Fils, on comprend que sa lumière cherche à nous guider vers Lui. Elle ne récuse pas les vertus de la pénombre nécessaire au recueillement, mais elle dessine un itinéraire spirituel. Passant des jaunes et des rouges, à l'ouest, des couleurs renvoyant au tourbillon du monde, elle se fait progressivement plus légère et nous achemine vers le bleu de l'est, car c'est tout l'édifice, architecture, assemblée et célébrants, qui se trouve orienté vers le Soleil Levant. Au fond donc, par-delà l'ambon de la Parole et l'autel du sacrifice, comme au terme de l'initiation, l'évidence du Christ en croix. « Il a fallu, écrivait encore l'académicien chinois, que ce corps soit réduit à presque rien, épuré de toutes scories et pesanteurs pour qu'il puisse redevenir le consolateur. Lui seul est capable maintenant de consoler… » (François Cheng). La beauté comme rédemption.

Le Recteur de Notre-Dame réussit à pénétrer dans le sanctuaire, le soir même de l'incendie. Il était accompagné par le Président de la République qui spontanément l'avait pris par la main. Au fond de l'édifice calciné, tous deux purent apercevoir, intactes, la croix lumineuse voulue par le cardinal Lustiger et au-dessous, la Vierge Marie, offrant son Fils pour le salut du monde. Sur le côté, la statue de Louis XIII était, elle aussi intacte, le roi qui voua la France à la Mère de l'Église. « Notre Dame, dit le Recteur, avait su garder son église. »

CINQUIÈME CONFÉRENCE

UNE SORTE DE DIVINE ÉTINCELLE

Voir Dieu. Ne pourrait-on soutenir que celui qui entre dans une église, croyant ou non, consciemment ou même sans s'en rendre compte, cherche à voir Dieu ? Dans la Bible, ce désir traverse toute la première alliance. Arrivé sur la montagne pour tenter d'apaiser la colère divine, après la trahison du veau d'or, Moïse adresse cette prière au Seigneur : « Fais-moi la grâce de voir ta gloire » ; mais il s'attira cette réponse : « Quand passera ma gloire, je te mettrai dans la fente du rocher et je te couvrirai de ma main jusqu'à ce que je sois passé. Puis j'écarterai ma main et tu verras mon dos, mais ma face, personne ne peut la voir » (Ex 33, 18 et 22-23). Les prophètes rattachent un tel désir au Temple et au culte. « Je vis le Seigneur assis sur un trône grandiose et surélevé. Sa traîne emplissait le sanctuaire », raconte Isaïe (Is 6, 1), tandis qu'un Ézéchiel navré assiste au reflux de la présence divine : « La gloire du Seigneur sortit de sur le seuil du temple et s'arrêta sur les chérubins. Ceux-ci levèrent leurs ailes et s'élevèrent de terre à mes yeux... » (Ez 10, 18). Il ne restera plus au psalmiste qu'à formuler un dernier vœu : « Une chose que je demande au Seigneur, la chose que je cherche, c'est d'habiter sa maison tous les jours de ma vie et de savourer sa douceur... » (Ps 24, 4). Comment représenter celui qui si jalousement cache sa face ? Nous l'avons vu, la loi mosaïque interdisait d'en donner une quelconque figuration.

Et le Verbe s'est fait chair. Ce à quoi avaient aspiré les prophètes d'Israël, ce qu'Abraham n'avait aperçu que de très loin, mais dont il se réjouissait pourtant, celui que les prêtres servaient dans le Temple sans pouvoir lever les yeux, apparaît désormais en pleine lumière. L'ancienne interdiction est levée. Les aveugles recouvrent la vue, tandis que l'Évangile est annoncé (Mt 11, 58) : « Heureux les yeux qui voient » les gestes de Jésus et contemplent enfin son visage. La gloire passagère que les Anciens n'avaient fait que deviner rayonne, désormais sans voile, en la personne du Christ : « Nous avons vu sa gloire, assurent ses disciples, la gloire du Fils unique » (Jn 1, 14). Mieux encore, alors que certains réclament encore de voir le Père, le Christ répond dans ce que l'on a appelé le discours des adieux : « Je suis dans le Père et le Père est en moi [...]. Qui m'a vu a vu le Père » (Jn 14, 9 et 11). Le Verbe incarné devient désormais la « lumière du monde » (Jn 8, 12).

Voir Dieu par la grâce du mystère chrétien : tel est le propos de toute célébration dans une église. La liturgie a toujours soulevé des passions, on le sait bien, dans notre pays plus qu'ailleurs peut-être. En réalité, ces passions ne font qu'en souligner, non pas l'importance – ce qui serait trop faible –, mais l'absolue nécessité pour qui s'attache à vivre de la foi. Allons donc au plus simple. S'appuyant sur le grand mouvement liturgique qui l'avait précédé, Pie XII proposa, dans son encyclique *Mediator Dei*, publiée en 1947, une définition qui nous marque encore : « La sainte Liturgie est le culte public que notre Rédempteur rend au Père comme chef de l'Église ; c'est aussi le culte rendu par la société des fidèles à son Chef et, par lui, au Père éternel ; c'est, en un mot, le culte intégral du Corps mystique de Jésus-Christ... » Après avoir rappelé dans une phrase demeurée célèbre que, dans l'Église, « ce qui est humain est ordonné et soumis au divin ; ce qui relève de l'action, à la contemplation, et ce qui est présent à la cité future que nous recherchons », le concile de Vatican II, apporte des précisions éclairantes avec sa Constitution *Sacrosanctum Concilium* : « [...] la liturgie édifie chaque jour ceux qui sont au-dedans [de l'Église] pour en faire un temple saint dans le Seigneur, une habitation de Dieu dans l'Esprit... » (§ 2). Elle représente le sommet et la source de la vie de l'Église (§ 10) : « Dans la liturgie terrestre, nous participons par un avant-goût à cette liturgie céleste qui se célèbre dans la sainte cité de Jérusalem vers laquelle nous nous dirigeons comme des voyageurs [sur terre] » (§ 8).

Pas d'Église – au sens de communauté des croyants – sans culte donc ; traduisons : pas d'église de pierre sans liturgie. La célébration liturgique, principalement la célébration eucharistique, représente la raison unique et exclusive de nos églises. Sans elle, nos sanctuaires deviennent des coquilles vides, des maisons sans âme, des temples désertés par l'Esprit. On éprouve cette impression lorsqu'il nous arrive de visiter des monastères, après que les contraintes de l'Histoire ont obligé ses religieux au départ, à l'exil peut-être. Certes, les murs ont été conservés et nous pouvons toujours admirer leur architecture, ressentir même quelque chose de la paix que des siècles de prières ont imprimée jusque dans les pierres, mais la sensation de vide étreint le cœur. Ces murs n'ont pas été édifiés pour cela. On aura beau y multiplier des activités à caractère culturel, y donner des concerts ou des conférences : on comprend que ce ne sont là que des vestiges, des ossements desséchés, pour reprendre l'image du prophète Ézéchiel...

Ainsi, deux menaces pèsent de nos jours sur nos églises ; elles proviennent toutes deux d'un souci de mémoire porté à son incandescence. Tant d'églises détruites au cours de notre Histoire, tant d'œuvres d'art vandalisées ou réduites en cendres : on pourrait désigner le premier risque sous l'expression de « syndrome de Cluny ». Cluny, la plus grande, la plus belle des églises d'Occident, dépecée pierre après pierre sous la Révolution – mais la vérité oblige à dire que les moines avaient commencé à le faire dès le début du siècle –, puis rasée presque totalement sur ordre de Napoléon : plus jamais ça, s'exclament les amateurs d'art et d'histoire ! La passion de la conservation, depuis les espèces animales jusqu'aux œuvres d'art, caractérise une société qui ne se résigne pas à admettre que l'Histoire est tragédie.

Conserver : ainsi sont nés des espaces culturels – je n'aime guère cette expression – qui ramassent sur un rocher dominant la baie de l'Hudson, à New-York, des églises et des cloîtres venus de chez nous, condamnés à l'exil. Ainsi se sont multipliés jusque dans nos villes les plus petites des musées qui donnent à voir des œuvres religieuses retirées de leur affectation initiale et désormais muettes, vitrifiées et comme naturalisées. Après la chute du régime soviétique, alors que l'Église de Russie s'éveillait du lourd cauchemar des persécutions communistes, elle osa réclamer les icônes qui lui avaient été confisquées et qui figuraient, pour les meilleures d'entre elles, dans des musées, les autres ayant été saccagées, afin de leur redonner sens et les réinsérer dans la vie liturgique : un conflit éclata mené par ceux qui redoutaient que cette nouvelle existence ne portât atteinte à leur intégrité. Conserver une œuvre sacrée, édifice ou objet, relève d'une préoccupation jugée légitime dans une société sécularisée pour qui le ciel est vide et la religion sans grand avenir ; mais la sanction est terrible pour l'œuvre : on lui retire sa vie. « Les objets de la foi... depuis qu'on les regarde comme des œuvres d'art ne servent plus à rendre l'espérance, la foi et la charité, le salut à quiconque, depuis que nul ne prie devant eux, n'implore plus aucune intercession auprès de Dieu, Père, Fils et Esprit » (Dominique de Courcelles).

« Les objets sacrés du christianisme, qu'ils soient de peinture, sculpture, littérature ou musique, etc., [...] sont désormais considérés, y compris, trop souvent, par les chrétiens eux-mêmes, comme dépourvus de toute valeur autre qu'artistique et culturelle, historique. » La constitution *Sacrosanctum Concilium* de Vatican II, déjà citée, rappelle pourtant avec force que « l'art sacré est le sommet de tous les arts, parce qu'il vise à exprimer dans les œuvres humaines la beauté infinie de Dieu. Aussi l'Église a-t-elle toujours été l'amie des beaux-arts. Elle n'a jamais cessé de requérir leur noble ministère, principalement afin que les objets servant au culte soient vraiment dignes, harmonieux et beaux, pour signifier et symboliser les réalités célestes. L'Église s'est comportée en juge des beaux-arts, en discernant parmi les œuvres celles qui s'accordaient avec la foi, la piété et les lois traditionnelles de la religion et a veillé avec un soin particulier à ce que le matériel sacré contribuât de façon digne et belle à l'éclat du culte ». Ajoutons que les évêques ont le devoir d'écarter les œuvres artistiques qui seraient incompatibles avec la foi et les mœurs, ainsi qu'avec la piété chrétienne. Tout ce qui blesse le sens vraiment religieux : dépravation des formes, médiocrité et mensonge de l'art.

Les mises en garde se sont multipliées ces derniers temps. « Après le renoncement au sacré, peut-on lire dans un article récent, après le renoncement à la religion, le renoncement à un christianisme existentiel, après donc le renoncement à toute mémoire de chrétienté – tandis qu'il est recommandé de ne plus parler de Noël en public, mais d'utiliser le terme générique de fêtes –, s'est levée une culture de masse qui choisit le matériel contre l'immatériel, le simulacre contre le réel, le siècle contre l'éternité : elle a commencé à n'accorder à ces objets qu'un intérêt exotique ; demain sans doute, on s'étonnera de leur étrangeté et même de leur barbare cruauté. »

Les représentations du Crucifié deviendront peu à peu incompréhensibles et même insoutenables, comme celles des divinités aztèques...

Le second risque, plus subtil que la *reductio ad museum*, est aussi plus redoutable. Certaines églises offrent une telle qualité artistique dans leur architecture ou les joyaux qu'elles recèlent, qu'elles attirent les déferlantes d'un tourisme de masse qui ne manque pas de bousculer la vie liturgique. En plusieurs cathédrales d'Italie, une seule chapelle est réservée à la prière, tandis que l'ensemble du sanctuaire se voit abandonné à une foule ayant versé un droit, souvent sans culture religieuse, qui n'entre dans un lieu devenu pour elle hermétique que pour y réaliser de belles photographies-souvenir. Il arrive aussi que l'Histoire ait honoré certaines églises d'une valeur symbolique particulière parce qu'elles sont associées à des événements qui marquent la mémoire collective. Notre-Dame de Paris porte à l'excellence ces deux catégories. On assiste alors à la montée en puissance d'une conscience patrimoniale où se mêlent, dans une proportion variable, le souci de la culture et une certaine recherche d'identité. On cherche donc à entourer ces édifices d'une protection particulière, exorbitante du droit commun, pour les ouvrir au plus grand nombre.

À pas feutrés, lentement, mais, on peut le redouter, de manière inexorable, ce que l'on a appelé la « patrimonialisation » repousse la vie liturgique, lui assignant des dates et des horaires, au point d'en faire une activité secondaire et – pourquoi pas ? – un motif supplémentaire de curiosité touristique. Un écrivain contemporain qui a rédigé sur les couleurs les ouvrages les plus inattendus, le confessait récemment : « En ce lieu unique [Notre-Dame de Paris], culture et tourisme ne semblent pas compatibles [...]. Moi qui suis historien et chrétien, catholique qui plus est, [...] il ne me viendrait jamais à l'idée d'entrer dans Notre-Dame pour y prier : non seulement la cathédrale a été abandonnée au tourisme de masse, mais elle a été confisquée par la République... » (Michel Pastoureau).

Ainsi, avec les meilleures intentions du monde, l'Église de France risque de se voir petit à petit dépossédée de ses églises les plus prestigieuses, autrement dit les plus populaires. Il ne faut pas en douter : l'Église joue sa place dans une société qui, tout oublieuse qu'elle soit de ses origines chrétiennes, s'interroge plus que jamais sur sa mémoire et son identité. Ses activités catéchétiques, caritatives et sociales, dont personne ne songerait à nier l'absolue nécessité, seront insuffisantes à la faire connaître, plus exactement, à la faire reconnaître. Pas d'Église sans culte, disions-nous en commençant aujourd'hui, pas d'Église sans temple de pierre : il n'y eut jamais de culte dans les catacombes. Aussi la conférence précédente se hasardait-elle à formuler un vœu : « Si le message de l'Église ne parvient plus guère en lui-même à toucher l'opinion d'une société sécularisée, n'est-il pas légitime d'avancer que les pierres pourraient devenir les points d'ancrage d'une nouvelle évangélisation ? »

Dans une allocution prononcée en mars 2000, Jean-Paul II ouvrait une voie : « [...] le patrimoine culturel dans ses multiples expressions [...] constitue une composante très importante dans la mission évangélisatrice et de promotion humaine qui est le propre de l'Église. » Vingt ans plus tard, ce qui était déjà jugé « très important » est devenu prioritaire.

Pour l'admettre, il faudrait d'abord surmonter l'espèce de soulagement qu'éprouvent de nombreuses communautés chrétiennes de voir portée par les pouvoirs publics la charge d'un tel héritage, quand l'argent vient à manquer et que les forces vives se sont amenuisées. Il faudrait ensuite reconnaître que la baisse de la culture générale et que la dissolution de la culture chrétienne chez les croyants eux-mêmes ne leur permettent plus de souscrire au pacte noué par l'Église avec les artistes depuis les origines de la foi. On juge coupable l'attrait qu'exerce chez les plus jeunes une tradition jugée encombrée d'un bric-à-brac de représentations imagées. Beaucoup de chrétiens se sont étonnés de l'émotion suscitée par l'incendie de Notre-Dame, comme si une « émotion patrimoniale » bien traitée ne pouvait pas devenir un chemin d'approfondissement du tragique de l'existence, pour parler comme Unamuno, voire de la foi. « Les murs ne nous intéressent pas ! » : combien de fois, a-t-on porté cette antienne tout au long de ma propre vie religieuse ! Eh bien, si, ils nous intéressent. Les murs nous intéressent aujourd'hui plus que jamais !

Car les murs ont une âme. Peu importent finalement les raisons qui conduisent les uns et les autres à s'intéresser à une église. Rien ne les obligeait à le faire, mais voilà : ils y sont entrés et ont pris le temps de la parcourir, de la visiter en détail. Le premier mouvement peut être esthétique ou de simple curiosité, mais la rencontre avec une catéchèse initiatique bien présentée, avec des chrétiens compétents en matière d'art et d'histoire, avec l'inattendu de la grâce, enfin, peut tout transformer, tout convertir (Charles Personnaz). « Un mystère, une présence habite la plus pauvre des églises catholiques, écrivait le cardinal Journet. Elle ne vit pas d'abord du mouvement qui lui apporte le va-et-vient des foules. Elle est elle-même, antérieurement, source de vie et de pureté pour ceux qui franchissent son enceinte. »

La loi fait du clergé l'affectataire exclusif des églises construites avant 1905. À lui de prendre cette fonction avec sérieux, car l'avenir se joue là. Certes, le patrimoine peut devenir un terrain de dialogue fructueux avec les collectivités publiques propriétaires des lieux et les services administratifs chargés de la conservation ; mais ce dialogue peut s'avérer aussi délicat, chacune des parties défendant une approche différente, sinon opposée aux autres. Il revient au clergé ou à ceux qu'il a désignés pour le représenter, de s'appuyer sur les termes mêmes de la loi pour rappeler, à temps et à contretemps, la priorité de la vie liturgique et de la prière. L'archevêque de Paris l'affirmait avec clarté et fermeté, le 15 avril 2020 : Notre-Dame doit rester « celle qu'elle a toujours été, ce pour quoi elle a été bâtie : la louange de Dieu et le salut des hommes [...]. Elle invite l'homme au pèlerinage et empêche l'histoire de se refermer dans l'illusion d'un salut intramondain, dans l'idéologie d'un progressisme qui court frénétiquement vers le néant [...]. Sa splendeur gratuite attire le peuple des petits et des humbles qui ont droit, eux aussi, à la beauté. Mais elle est infiniment davantage. Elle est d'abord un lieu de culte [...]. L'église-mère de la ville nous élève par le Christ jusqu'à la gloire du Père, dans l'unité de l'Esprit. » (Mgr Michel Aupetit)

Pour cette raison, un groupe de travail a été constitué sous l'autorité diocésaine. Chargé d'émettre des propositions en vue de la réouverture de la cathédrale, il s'est fixé un triple objectif : « La restitution de l'édifice au culte, la remise à plat du fonctionnement liturgique de la cathédrale en tenant compte des cinquante années d'expérience depuis la réforme liturgique, enfin l'accueil et l'accompagnement des douze millions de visiteurs qui déambulent chaque année sous ses voûtes » (Gilles Drouin). Ce qu'il a fait est remarquable. Il a particulièrement étudié la lumière, puisqu'il a été dit, dimanche dernier, que l'Esprit de beauté se présentait d'abord comme une bienheureuse lumière destinée à éclairer nos cœurs et à guider nos pas. Alors que nous nous apprêtons à entrer dans la Semaine Sainte, il suggère une modulation originale de l'éclairage selon les jours : sobre pour le vendredi saint, serein le samedi et éclatant à Pâques. S'il convient de saluer l'œuvre de Viollet-le-Duc qui a proprement sauvé la cathédrale, il n'est peut-être pas nécessaire d'en revenir, avec un brin de servilité, à sa vision d'un Moyen Âge par trop romantique. Pourquoi ne pas faire revenir à leur place originelle les fameux *Mays* de Notre-Dame et leur redonner pleine vie ? On se rappelle que la confrérie des orfèvres commandait chaque année à un peintre différent, mais toujours de qualité, un tableau illustrant un motif du mystère chrétien pour l'offrir à sa sainte patronne, en mai, le mois qui lui était consacré. Avec des noms comme Lallemant, Vouet, Champaigne, Sueur, La Hyre ou Le Brun, pour n'en citer que quelques-uns, l'Église savait et pouvait mettre alors au service de sa prédication l'éminente pédagogie de l'art. Les écarter reviendrait une fois encore à donner la priorité à l'esthétisme sur la catéchèse.

Ce que nous appelons le cadre de vie n'est justement pas un cadre, mais un maître qui forge en nous, par touches successives, une vision du monde et jusqu'aux grands traits de notre personnalité. Le ministère de Pierre s'exerce à Rome, au milieu de chefs-d'œuvre de l'art, comment n'en serait-il pas influencé ? On ne vit pas, on ne pense pas, on ne gouverne plus de la même manière quand les yeux écoutent les fresques de Pérugin, de Botticelli, de Ghirlandaio ou de Michel-Ange nous inviter à « parcourir avec joie, courage et espérance l'itinéraire de notre propre vie ». Ou encore, quand la musique de Palestrina et d'Allegri accompagne la prière de la Semaine Sainte. Voulez-vous savoir ce qu'est l'Église ? Regardez la majestueuse basilique de Saint-Pierre, regardez la colonnade qui se détache d'elle comme deux bras ouverts pour accueillir l'humanité. Bramante, Le Bernin, Borromini, Maderno « donnent ainsi, expliquait Jean-Paul II, à travers des formes plastiques, le sens du mystère qui fait de l'Église une communauté universelle, accueillante, une mère et une compagne de voyage pour tout homme qui cherche Dieu ».

« Notre ministère est celui de prêcher, disait Paul VI, et de rendre compréhensible, et même émouvant, le monde de l'esprit, de l'invisible, de l'ineffable, de Dieu. Et dans cette opération, vous les artistes… vous êtes des maîtres. C'est votre métier, votre mission ; et votre art est celui de saisir les trésors du ciel de l'esprit et de les revêtir de mots, de couleurs, de formes, d'accessibilité. » Des maîtres, vraiment, les artisans de la Beauté ? Jusqu'à ces expressions étonnamment hardies : « Si votre aide Nous manquait, le ministère deviendrait balbutiant et incertain… » C'est que l'artiste a reçu de l'Esprit divin une étincelle de sa sagesse éternelle qui l'invite à partager sa puissance créatrice. Le mystérieux artiste de l'univers, l'Esprit créateur que l'Église invoque à chaque moment décisif, *Veni Creator*, vient à la rencontre du génie humain. L'artiste peut ainsi traverser les apparences, ouvrir une voie vers la transcendance et exprimer l'ineffable. « L'art signifie, selon Hermann Hesse, montrer

Dieu en chaque chose». Il est donc «fait pour troubler, assurait Braque, alors que la science rassure». «Celui qui perçoit en lui-même cette sorte d'étincelle divine qu'est la vocation artistique – de poète, d'écrivain, de peintre, de sculpteur, d'architecte, de musicien, d'acteur – perçoit en même temps le devoir de ne pas gaspiller ce talent, mais de le développer pour le mettre au service du prochain et de toute l'humanité» (Jean-Paul II, *Lettre aux artistes*, 4 avril 1999).

Depuis les origines, l'Église a eu besoin des artistes. Elle leur a longtemps demandé de mettre en scène une catéchèse permettant aux gens simples de contempler le mystère chrétien et d'y pénétrer. Jean Damascène avait donné ce conseil: «Si un païen vient et te dit: "Montre-moi ta foi!", conduis-le dans une église, montre-lui la décoration dont elle est ornée et explique-lui la série des icônes sacrées.» Dans l'huile sur bois qui a été souvent évoquée au cours de ces conférences, Memling donne à saisir toute l'histoire du salut en deux tableaux seulement. Le Sauveur vient au monde dans une étable délabrée, autrement dit dans un monde rongé par le péché. Les premiers témoins en sont des bergers qui occupent le plus bas de l'échelle sociale: ils approchent avec hésitation et se contentent, avec la délicatesse des humbles, de contempler à travers la fenêtre. L'Évangile s'adresse d'abord à eux, à tous les petits de la terre, mais il implique aussi bien les puissants : le second tableau reproduit la caravane des mages, riche d'exotisme, de couleurs et de mouvements. Venus de mystérieuses contrées, ces sages au nombre de trois, un blanc, un Oriental et un Africain, n'hésitent pas à s'agenouiller et le plus ancien, figure de toutes les sagesses du monde, baise les doigts de l'Enfant : l'ancienne Alliance s'incline devant la Nouvelle. En deux tableaux de lecture accessible à tous, le peintre flamand rend compte de la même catholicité que celle, monumentale, voulue par les architectes romains.

L'alliance entre l'Évangile et l'art s'est maintenue à travers les siècles, non sans crise d'ailleurs, comme au moment de la querelle iconoclaste, au VIIIe siècle, quand des puristes se mirent à brûler les icônes, ou lorsque les Réformateurs du XVIe détruisirent églises, fresques et reliques, en quoi ils dénonçaient des formes d'idolâtrie, ou encore peut-être, dans l'après-Concile, où certains clercs s'employèrent à purifier la foi de ses pratiques dévotionnelles. Les papes récents invitent à une nouvelle coopération entre ceux qui se réclament de la foi chrétienne et les artistes, même s'ils ne partagent pas cette même foi : « Chers amis, je vous encourage à découvrir et à exprimer toujours mieux, à travers la beauté de vos œuvres, le mystère de Dieu et le mystère de l'homme » (Benoît XVI).

C'est que l'Église porte en elle une espérance qui, malgré toutes les sécularisations du monde, ne pourra s'extirper du cœur de l'homme, parce que de nouveaux risques, de nouveaux défis, de nouvelles angoisses pointent toujours à son horizon. « Nous jouirons donc, enseignait saint Augustin, d'une vision, ô frères, jamais contemplée par les yeux, jamais entendue par les oreilles, jamais imaginée par notre fantaisie ; une vision qui dépasse toutes les beautés terrestres, celle de l'or, de l'argent, des bois et des champs, de la mer et du ciel, du soleil et de la lune, des étoiles et des anges ; une beauté qui est la source de toute beauté. » C'est elle, la beauté qui sauve.

SIXIÈME CONFÉRENCE

NOTRE-DAME DES FERVEURS

Du fond de la mémoire de Notre-Dame, monte un long cortège de formes floues. Là, frémissent de longs manteaux blancs, frappés de la croix rouge des croisés. Les moines-soldats du Temple sont venus souvent prier dans cette cathédrale qui venait d'être achevée. Leur ferveur ne faisait pas de doute, pas plus que leur richesse, car ils avaient la faiblesse de servir de banque au roi. Or, le roi avait besoin d'argent, il décida donc de reprendre les cordons de la bourse. Choix habile : on n'a jamais beaucoup aimé les banquiers. De fait, les Templiers faisaient l'objet de rumeurs malveillantes : hérésie, idolâtrie, sodomie, simonie... les griefs à l'encontre du clergé ne varient guère à travers les siècles. Il suffisait de les transformer en accusations formelles : 231 dépositions furent ainsi recueillies sur 60 mètres de parchemin que j'ai pu consulter, lorsque je dirigeais les Archives du Vatican. Choix injuste : dans le conflit qui opposait le pape au roi, les Templiers prenaient le plus souvent le parti du second. Choix illégal enfin : Philippe le Bel eut recours à une procédure judiciaire qui dépendait exclusivement du pape et des évêques. Le résultat fut brillant. Les caisses de l'État se trouvèrent renflouées, sans grands frais, la papauté était affaiblie, le clergé de France mis au pas, en quoi on peut voir là les premières amorces du gallicanisme. Les apparences étaient sauves, puisque l'absolution sacramentelle fut concédée à ceux qui se repentaient. Il ne restait plus au pauvre Grand-Maître, qui avait témoigné d'une grande maladresse, qu'à finir sur le bûcher, érigé aux abords de la cathédrale. Jacques de Molay et son compagnon emporteront dans l'éternité la vision de Notre-Dame. Des historiens datent de ce moment la naissance de la nation française, dans le sang et le feu.

Ici encore, dans cette même église, un tout jeune homme s'apprête à être couronné. Il est déjà roi d'Angleterre, mais on l'a persuadé de régner aussi sur notre terre. Il fallait répliquer à l'aventure singulière d'une jeune fille venue de la campagne lorraine qui avait redonné espoir à la nation, galvanisé les troupes et conduit à Reims le « petit roi de Bourges » pour y recevoir la couronne légitime. Autre temps, autre bûcher, à Rouen cette fois-là. Mais c'est à Notre-Dame que la mère et le frère assisteront au procès de réhabilitation de celle qui tenait tellement à son titre de Pucelle. Là encore, le sanctuaire accueille une jeune femme arrivée des frimas de l'Écosse. Elle se rend à Notre-Dame avec la cour des Valois ; le décès de son mari, un souverain éphémère, l'oblige à reprendre la mer. Intrigues, trahisons et guerres de clans, haine des presbytériens envers les « papistes », sans compter une vie sentimentale heurtée : Marie abdique et se réfugie auprès de sa cousine qui la place en détention. Elle passera 19 ans en prison, presque la moitié de son existence ! Alfieri, Schiller et Stefan Zweig voulurent en faire une héroïne romantique. N'avait-elle pas pris comme devise : « En ma fin gît mon commencement » ? Marie Stuart écrivit longuement à Sixte-Quint. Les Archives ont montré ce touchant document en plusieurs expositions, la dernière fois en 2012. Rédigée en français, sur un parchemin jaunâtre, la lettre témoigne d'une extraordinaire force de caractère. De sa geôle, Marie Stuart informe le pape de ses souffrances qu'elle accepte avec tranquillité : « Maintenant, Très Saint-Père, il a plu à Dieu de permettre pour mes péchés et ceux de cette île malheureuse [...] qu'après vingt ans de prison, je sois réduite à un strict enfermement et finalement condamnée à mort... » Elle professe sa foi catholique et recommande son âme à Dieu. La lettre arriva à Rome après que le bourreau de Londres eut – maladroitement – accompli son œuvre.

C'est l'un des plus grands orateurs qui prononce sous les voûtes de Notre-Dame, devant toute la Cour assemblée, l'oraison funèbre du prince de Condé, le vainqueur de Rocroy où la France fut sauvée: « Il paraît en un moment comme un éclair dans les pays les plus éloignés. On le voit en même temps à toutes les attaques, à tous les quartiers [...] il semble qu'il se multiplie dans une action; ni le fer ni le feu ne l'arrêtent. Il n'a pas besoin d'armer cette tête qu'il expose à tant de périls; Dieu lui est une armure plus assurée; les coups semblent perdre leur force en l'approchant, et laisser seulement sur lui des marques de son courage et de la protection du Ciel. »

Au matin du 4 mai 1789, sous un dais de tissu d'or, Monseigneur l'Archevêque de Paris portait le Saint-Sacrement dans un ostensoir flambant comme le soleil: au cours de la messe du Saint-Esprit, les trois Ordres du royaume Très-Chrétien demandaient à Dieu d'éclairer les travaux de l'Assemblée des États-Généraux qui allait s'ouvrir le lendemain. Moins de quatre ans plus tard, c'est-à-dire le temps d'un soupir aux yeux de l'Histoire, Louis XVI avait été conduit à l'échafaud, sa femme et sa sœur s'apprêtaient à le suivre, son fils devenait le petit prince de tous les enfants maltraités, la guillotine, les fusillades et les noyades marchaient à plein régime, la monarchie était abolie, la république instaurée, le droit changé de fond en comble, la patrie proclamée en danger, la Vendée dévastée, la foi chrétienne déclarée hors-la-loi et ses prêtres, ses religieux et ses fidèles, persécutés. « Vous n'arriverez à rien, prévenait Mirabeau, si vous ne déchristianisez pas la Révolution. » La vie de la reine Marie-Antoinette, venue si souvent à Notre-Dame, offre un raccourci, un « digest », de cette page étonnante, comme l'Histoire n'en a guère connu de semblables. Il suffirait d'évoquer en des images ressassées la légèreté de son insouciance, ses toilettes fabuleuses, mais encore ses goûts champêtres (on dirait aujourd'hui écologiques), et puis Varennes, le Temple, la Conciergerie, la séparation d'avec ses enfants abandonnés à un sort redoutable, un procès ignoble… et puis encore, ces quelques lignes jetées à la hâte, sur une feuille de fortune que conservent les Archives du Vatican. Les grands ne deviennent vraiment grands qu'au travers de grandes épreuves. L'écriture est assurée, presque tranquille. Faisant à peine référence à sa douleur, elle trouve le courage d'offrir des vœux de nouvel an : nous sommes aux premiers jours de 1793, l'ex-reine ne célébrera pas l'année suivante !

La sainte fureur contre la royauté et le christianisme jeta à terre les statues des rois de Juda confondus avec les souverains de France ; ils les cassèrent si bien qu'il n'en resta rien, à l'exception de celle d'Adam, comme si l'Histoire devait retourner à ses origines... Le sanctuaire fut souillé par des cultes déraisonnables, puis changé en magasin de vivres. Sans flèches – égalité oblige –, sans clochetons, les fenêtres béantes, colonnettes et gargouilles brisées, portails vides de figures, les sculptures épargnées démantelées et branlantes, c'est une église dévastée et mutilée qui fut rendue au culte. Le grand tableau de David, œuvre de communication avant l'heure, ne doit pas faire illusion : à la hâte, car il s'agit de préparer un autre sacre, l'avènement de l'empire, on s'efforce de cacher les plaies, ici en accrochant des tapisseries, là en construisant des tribunes éphémères ; tout cela ne fait qu'ajouter de nouvelles dégradations à la ruine. La cathédrale n'avait pas eu souvent l'occasion d'accueillir un pape : Pie VII, quelque peu contraint, il est vrai, avait accompli le voyage de Rome. Il retournera une seconde fois en France, cette fois-là comme prisonnier, jusqu'à ce que la tiare finisse par s'échapper des serres de l'aigle... En 1830, alors que les révolutions ont ouvert de nouvelles plaies, on se demande si Notre-Dame doit être réparée... ou démolie. Victor Hugo et Viollet-le-Duc, chacun à sa manière, lui épargneront une mort certaine.

Un siècle plus tard, en août 1944, le général Dietrich von Choltiz, qui commande les troupes allemandes de la capitale, refuse les ordres de Hitler lui demandant de détruire la ville et notamment de brûler Notre-Dame. « Paris, depuis plus de quatre ans, était le remords du monde libre. Soudain, il en devient l'aimant », a-t-on écrit. La renaissance passe par Notre-Dame. Alors qu'on se bat encore dans la ville, le général de Gaulle et le général Leclerc se rendent dans la cathédrale, après avoir descendu les Champs-Élysées sous les acclamations de la foule. Les temps ont changé. Clémenceau l'anticlérical avait refusé d'assister au *Te Deum* qui marquait la fin de la Première Guerre. Les deux généraux qui symbolisent la libération du pays au terme du Second conflit n'hésitent pas, eux, à participer aux vêpres. Un feu nourri les accueille sur le parvis. Les *Mémoires de guerre* rapportent la scène : « Le *Magnificat* s'élève. En fut-il jamais chanté de plus ardent ? Cependant on tire toujours [...] les projectiles, dirigés vers la voûte, arrachent des éclats, ricochent, retombent. Plusieurs personnes sont atteintes. »

Et c'est encore à Notre-Dame que se perpétue la tradition des obsèques nationales : Louis Pasteur, Maurice Barrès, maréchal Foch, Carnot, Doumer et Poincaré, tous trois présidents d'une République qui, si elle n'avait pas inventé à proprement parler la laïcité dite à la française, lui avait du moins fourni la cadre juridique que nous utilisons encore. La litanie s'égrène avec la même régularité à l'époque contemporaine : Paul Claudel, le converti de Notre-Dame, maréchal Juin, François Mauriac, général de Gaulle, président Pompidou... La surprise vint un peu plus tard. Celui qui avait prévu pour ses obsèques des roses-thé, symbole de l'immortalité chez les anciens Romains, et des iris d'où naîtraient les fleurs de lys, avait laissé à son chevet un billet sibyllin, écrit de sa main : « Une messe est possible. » Elle fut célébrée, en effet, avec toute la solennité requise. Le président Mitterand réconciliait ainsi le socialisme qu'il incarnait avec la tradition nationale.

Le gros bourdon, Emmanuel, la seule cloche ayant échappé aux fureurs révolutionnaires, sonna aussi le glas, bien sûr, pour plusieurs figures emblématiques de l'Église de notre temps : sœur Emmanuelle, cardinal Lustiger, qui avait proposé la lecture la plus profonde, et en un sens la plus originale de sa cathédrale, enterré en ce même lieu, en présence du Président de la République, Jean-Paul II enfin, mort à Rome, mais qui fut le seul pape moderne à être venu deux fois à Notre-Dame.

La mort, la mort. Notre-Dame s'est familiarisée avec elle tout au long des siècles. En réalité, elle l'a rencontrée au tout début de son histoire. L'évangile raconte cette terrible scène : tandis que l'armée céleste chante les louanges de Dieu, parce que venait de naître l'enfant qui devait racheter du péché du monde et rendre à nouveau accessible le chemin de la béatitude, une autre armée, bien terrestre celle-là, animée de motifs politiques, s'en prenait à des enfants tout aussi innocents. « Alors Hérode, se voyant joué par les mages, envoya tuer dans Bethléem et son territoire tous les enfants mâles jusqu'à deux ans... Une voix s'est fait entendre dans Rama, des pleurs et une longue plainte, c'est Rachel qui pleure ses enfants et ne veut pas être consolée » (Mt 2, 16-17). Le peintre Memling qui a fourni le fil conducteur de plusieurs de ces conférences place ce massacre en contrebas de l'Annonciation faite à Marie et de la crèche. Ici, la douceur d'une nouvelle aurore, là, l'horreur de l'innocence bafouée : des chevaux foulent sous leurs sabots une mère qui tente de protéger son fils, tandis que des soldats cuirassés en poursuivent une autre qui emporte le sien dans une vaine échappée...

Notre-Dame témoigne ainsi de la proximité de la beauté avec la mort.

La mort et la beauté sont deux choses profondes
qui contiennent tant d'ombre et d'azur qu'on dirait
Deux sœurs également terribles et fécondes
Ayant la même énigme et le même secret.

(Victor Hugo)

C'est que la beauté fait naître en nous la nostalgie de quelque paradis perdu, mais elle annonce aussi une béatitude future, un monde de communion universelle et de bonheur partagé. Inspirée par l'Esprit d'amour, elle nous apprend à aimer ce qui est. Comme l'avançait Plotin, elle rend l'être plus intense. Elle nous lave, à la manière de l'Esprit purificateur, de notre obsession à vouloir tout maîtriser, car elle-même ne maîtrise rien, pas même les émotions qu'elle suscite. Et quand ces émotions se font trop fortes, au point que notre cœur se gonfle d'angoisse, elle vient nous consoler, elle qui est un reflet de l'Esprit consolateur. Alors que nous nous sommes habitués à tout voir, à tout entendre, à nous installer dans un confort blasé – que peut-il y avoir de nouveau sous le soleil ? soupirait déjà le sage de l'Ecclésiaste –, elle surprend et éblouit, comme nous illumine l'Esprit de lumière. En réalité, la beauté attend peu de chose de nous : contempler, puis entrouvrir notre porte.

Paul Valéry a décoché ce trait de génie : « Le beau, c'est ce qui désespère. » Il ne désespère pas à force de larmes, de tristesse ou de mélancolie : la beauté n'est pas nécessairement romantique. Il nous désespère parce qu'il nous conduit au-delà de notre attente d'un monde capable de forger par lui-même la perfection. Il transfigure toute chose et convertit, par exemple, la douleur en douceur, comme chez Schubert, et la frivolité en grâce, comme chez Rameau ou Satie. Ce faisant, la beauté, ici, à Notre-Dame, joue le rôle de pierre d'attente. Les Pères de l'Église évoqueraient à ce sujet une *praeparatio evangelica*, une mise du cœur humain au diapason de la bonne nouvelle. La beauté ouvre aux mystères de l'espérance pour tous.

Dans son encyclique *Spe salvi*, Benoît XVI rappelait que si « il y avait eu des conversions dans les couches aristocratiques et cultivées », « la Première Épître aux Corinthiens (1, 18-31) nous montre qu'une bonne part des premiers chrétiens appartenaient aux couches sociales basses et, précisément pour cela, étaient disposés à faire l'expérience de la nouvelle espérance… » (§ 5). En réalité, il en fut ainsi à tous les siècles. Il ne faudrait pas que les pages brièvement arrachées à nos livres d'Histoire, comme nous venons de le faire, laissent croire que Notre Dame a été le temple des seuls grands. Elle a d'abord été, elle reste aujourd'hui, l'église du peuple, de tout le peuple. C'est que *Vers la lourde nef* qui donne le titre à ces conférences,

Nous ramerons des reins, de la nuque, de l'âme,
Pliés, cassés, meurtris, saignants sous notre chaîne ;
Et nous tiendrons le coup, rivés sur notre rame,

forçats, fils de forçats aux deux rives de Seine,
galériens couchés aux pieds de Notre Dame.
(Charles Péguy)

Notre-Dame, « refuge des pécheurs », répètent les litanies : que de misères confessées, que de pleurs versés qui n'ont laissé aucune trace dans l'Histoire, que de changements de vie, que de conversions ! « Parfois tous nos sens s'ouvrent sur le monde comme autant de blessures béantes », laissait échapper un auteur contemporain (Marcel Jouhandeau), tandis qu'au long des jours la Mère accueille sans se lasser de semblables lamentations pour les transmettre à son Fils. Elle est ce visage attentif qui se penche sur nos misères. À Cana, n'avait-elle pas vu, seule parmi les convives, que le vin venait à manquer et que la noce menaçait de s'éteindre dans la tristesse ? « Tout ce qu'il vous dira de faire, faites-le », dit-elle aux serviteurs de l'époque et à tous ceux qui mettent leur foi en elle (Jn 2, 5).

Notre-Dame, « santé des malades », implorée à chaque épidémie. Au temps de la Peste noire, au milieu du XIVe siècle, 500 personnes trépassaient chaque jour à l'Hôtel-Dieu qui, voisin de la cathédrale, en représente la figure caritative. À chaque siècle, la peste réclame son tribut : 25 000 morts pour la seule année 1562 ; puis ce sera le choléra au XIXe siècle… Chaque fois, on réclamait la bénédiction divine, afin de « remédier aux langueurs des âmes et des corps », selon la prière prévue spécialement pour ce temps d'épreuve. Les épidémies changent et se renouvellent, mais la peur qu'elles inspirent reste la même, nous le voyons bien en ces temps de coronavirus. Les Lumières du moment ont estimé que les progrès de la médecine dispensaient les croyants, réunis en assemblée, de se tourner vers les saints protecteurs : si elle n'était pas restée fermée en raison des travaux, Notre-Dame aurait subi le sort de toutes les églises de France, le confinement.

« Notre-Dame, mère du Créateur/Mère du Sauveur/Mère de la grâce divine », nous font répéter les litanies. Le concile de Vatican II a ajouté : « Mère de l'Église. » Dans un bourg de mon diocèse, frappé de déchristianisation depuis longtemps – il n'y avait pas eu de confirmation depuis plus de vingt-cinq ans –, six adolescents, sortis d'on ne sait où, avaient créé une école de prière. Leur évêque voulait évidemment les connaître : ce fut la plus belle des soirées au cours de laquelle les questions fusaient de part et d'autre. « Pour vous, demanda l'un d'eux, qu'est-ce que l'Église ? » Les mots venaient d'eux-mêmes, forcément approximatifs : « L'Église donne la vie, elle enseigne, elle conseille, elle corrige, elle console : c'est bien pour cela que nous disons qu'elle est une mère. J'aime me tourner vers elle comme on s'adresse à sa propre mère ». L'assistante pastorale qui accompagnait ce petit groupe marqua son étonnement : « Une mère ? Ne croyez-vous pas que c'est là un vocabulaire désuet ? Nous, nous ne l'employons plus. »

Pour comprendre une telle réaction, il faudrait avancer, bien sûr, les incertitudes et les bouleversements qui affectent de nos jours paternité et maternité, ou les querelles du genre. Il faudrait encore y voir une réaction contre un risque supposé d'infantilisation des croyants et une mentalité de « suivisme », mais la source est à rechercher beaucoup plus loin, jusque dans les murs. Si vous aviez connu Notre-Dame à ses origines, vous auriez compris que les architectes avaient prévu pour elle une échelle qui la faisait émerger des toits voisins, à la manière dont une poule couve maternellement ses poussins. Le bâtiment n'était jamais isolé. La Renaissance et la période baroque se sont employées à rénover le tissu urbain médiéval en changeant les perspectives : la cathédrale, désormais bien dégagée, devait dominer la place elle-même aménagée de manière spectaculaire. Les raisons de ce processus se trouvent dans une nouvelle conception de l'architecture, héritée de l'encyclopédie des Lumières et connue sous le nom d'*art autonome*. Il s'agit – il s'agit encore – de définir un modèle de style et de rejeter tout ce qui, autour de lui, pourrait apparaître comme impur. À Reims, à Amiens, à Metz et à Paris où la destruction de l'environnement a été systématique, de grands espaces vides permettent de bien voir des façades désormais sans échelle et privées de leur signification symbolique. L'église devient un monument qu'il faut pouvoir détailler sous tous ses aspects et non plus la maison où les enfants de Dieu se rassemblent sous la protection d'une mère qui implore pour eux les bénédictions du Ciel. L'alerte a été lancée depuis longtemps. En 1942, un article déplorait la taille de certains parvis : « Les cathédrales étaient faites pour être vues dans un cadre que l'on a détruit, dans un milieu qui n'est plus… C'est de tous côtés l'insensé le plus parfait… Isoler un édifice sans se soucier des principes (qui ont présidé à sa création), c'est à la fois violer l'histoire, la volonté des architectes médiévaux et l'esthétique. » Le goût contre le sens, l'histoire contre l'origine, le monument au détriment de la porte du Ciel.

Dans quelque temps, la cathédrale de Paris sera enfin ouverte. Notre-Dame des douleurs dont les complaintes occupaient la première de ces conférences de carême redeviendra Notre-Dame des ferveurs. Attiré par sa beauté, on y viendra admirer une œuvre d'art ou saluer quelques hauts faits du pays. Nulle part ailleurs dans le monde, sauf à Rome peut-être, on ne trouve de temple si riche de mémoire nationale. Mais l'essentiel sera bien ailleurs. La cathédrale est d'abord une église, c'est-à-dire le lieu de prière et d'adoration d'une communauté unique, le Corps mystique du Christ. Elle a été voulue telle par ses fondateurs évêques ; elle l'est restée, malgré les traverses de l'Histoire, grâce à la fidélité du peuple chrétien ; elle poursuivra demain sa divine mission, jusqu'à ce la Providence lui fixe, à elle comme à toute chose sur terre, un terme.

La cathédrale est dédiée à la Mère de Dieu. Une hymne vieille de plus de mille ans salue en elle l'« étoile du matin ». La vie est comme un voyage sur la mer de l'histoire, rappelle l'encyclique *Spe Salvi* ; nous y affrontons l'obscurité et la tempête ; aussi scrutons-nous les astres pour qu'ils nous indiquent la route. Marie est l'étoile de l'espérance. Par son « oui », elle a ouvert à Dieu lui-même la porte de notre monde. Elle se tient présente au milieu de ses enfants, elle les prend par la main et leur enseigne à aimer et à croire que la verte espérance finit par triompher de toute lassitude, de toute incertitude, de la crainte tenace de l'anéantissement. Sa tendresse secourable nous saisit quand se présente à chacun l'heure de la dernière épreuve.

Notre-Dame des ferveurs

Étoile de la mer voici la lourde nef
Où nous ramons tout nuds sous vos commandements ;
Voici notre détresse et nos désarmements [...]
Reine qui vous levez sur tous les océans,
Vous penserez à nous quand nous serons au large
Aujourd'hui c'est le jour d'embarquer notre charge
Voici notre appareil et voici notre chef [...]
[...]
Et il tiendra la mer : car nous le chargerons
Du poids de nos péchés payés par votre fils.

CHARLES PÉGUY

Index des noms

Table des matières

Du même auteur

La fécondation artificielle au risque de l'éthique chrétienne, Paris, Communio/Fayard, 1989.

Dictionnaire de morale catholique, Chambray-les-Tours, CLD, 1991.

Précis de théologie morale, t. I, Paris, Mame, 1994.

L'Éternité si proche (conférences de carême à Notre-Dame de Paris), Paris, Éd. du Cerf, 1995.

Les Idées heureuses. Vertus chrétiennes pour notre temps (conférences de carême à Notre Dame de Paris), Paris, Éd. du Cerf, 1996.

Des combats de lumière (conférences de carême à Notre-Dame de Paris), Paris, Éd. du Cerf, 1997.

Un an déjà. L'apprentissage d'un évêque, Chambray-lès-Tours, CLD, 2001.

Précis de théologie morale, t. II, vol. 1, Paris, Parole et Silence, 2002.

Précis de théologie morale, t. II, vol. 2, Paris, Parole et Silence, 2003.

Chemin faisant. Entretiens spirituels, Paris, Éd. du Cerf, 2016.

Précis de théologie morale générale, Paris, Parole et Silence/Collège des Bernardins, 2017.

La Bibliothèque monde. La Vaticane et les Archives secrètes, Paris, Éd. du Cerf, 2019.

En collaboration

L'Église et la sexualité, Paris, Éd. du Cerf, 2006.

Vatican II, une boussole pour notre temps (conférences de carême présentées par le cardinal André Vingt-Trois), Paris, Parole et silence, 2010.

Mon âme exalte le Seigneur... (conférences de carême à Fourvières présentées par le cardinal Philippe Barbarin), Paris, Parole et Silence, 2011.

ASSOCIATION
ART SACRÉ II

Présidée par Mgr Jean-Louis Bruguès, *o.p.*, archevêque émérite d'Angers et Bibliothécaire et Archiviste de la Sainte Église romaine, l'association ***L'Art Sacré II*** a pour objectif de mieux sensibiliser les publics à la valeur artistique et pastorale de l'art sacré sous ses deux formes contemporaine et patrimoniale.

L'association vise essentiellement à encourager la création de l'art sacré, à valoriser le patrimoine religieux et à établir de fructueux échanges avec les artistes. Pour cela, elle propose des conférences, publications, concerts, colloques, enseignements, visites, etc., organisés auprès de tous les publics. Avec le soutien de l'association de *La Sauvegarde de l'Art français*, reconnue d'utilité publique, l'association s'attache aussi à la conservation du patrimoine architectural et mobilier des monuments religieux.

Ainsi, depuis sa création, l'association ***L'Art Sacré II*** a vu plusieurs de ses objectifs couronnés de succès, grâce au mécénat qui représentait une part essentielle dans son budget annuel.
Comme dans beaucoup de domaines, la crise sanitaire a stoppé net cet élan et a contraint l'association à limiter très fortement ses engagements. Pour autant, la situation relative à la conservation du patrimoine religieux ainsi que la mise en valeur de l'art sacré demanderaient une énergie décuplée. Nous sollicitons donc la générosité de tous ceux qui, sensibles à cette cause, voudront que ***L'Art Sacré II*** poursuive sa mission.

BON DE SOUTIEN À "*L'ART SACRÉ II*"

Nom et Prénom : ....

Adresse postale : ....

Adresse électronique : ....

souhaite recevoir la lettre d'information de l'Association et lui apporter mon soutien par un don* de .... euros (par chèque** ou par virement bancaire***).

Fait à.......................... le .... Signature :

* ouvrant droit aux réductions d'impôt prévues aux articles 200, 0238bis et 885-0VbisA du CGI.
Chèque à libeller à l'ordre de : **L'Art Sacré II
*** IBAN : FR76 1010 7001 7700 9170 5779 304 - Code BIC : BREDFRPPXXX

À retourner à : **Association "*L'Art Sacré II*" – 35, avenue de Breteuil – 75007 PARIS.**

Imprimé en France

Composition : Le vent se lève...

N° d'imprimeur : 22030158
Achevé d'imprimer : mars 2022
par Corlet Imprimeur
14110 Condé-en-Normandie
Dépôt légal : avril 2022